はじめに

JN015637

　本書は、世界最大のニュース専門ス………ルであるＣＮＮの人気番組「CNN10」から、1本2分前後のニュース10本を選びすぐって収録したものです。

「CNN10」は、日本の英語教育関係者の間では、「CNN Student News」という以前の番組名で広く知られています。その旧名からも想像できるように、主にアメリカの高校生向けに制作されている10分間の番組で、世界のいろいろな出来事が、とても分かりやすく説明されています。興味深く、しかも簡潔・平易なそれらのニュースは、日本の英語学習者にとっても最良のリスニング素材と考えられているのです。

　本書のご購入者は、CNNの放送そのものである「ナチュラル音声」に加え、ナレーターが聞きやすく読み直した「ゆっくり音声（ポーズ入り）」、「ゆっくり音声（ポーズなし）」の計3種類のMP3をダウンロードすることができます。このうち、ポーズ（無音の間）の入った「ゆっくり音声」は各ニュースのイントロダクションにのみ対応していますが、シャドーイング、区切り聞き、サイトトランスレーションといった効果的学習法の実践に最適です。ですから、本書を使えば、初級者でもCNNが聞き取れるようになっていきます。

　また、紙版と同一内容の電子書籍版（PDF）を無料でダウンロードできるサービスも付いていますので、スマートフォンやタブレットに入れておけば、どこでもいつでも学習できて便利です。

　取り上げたニュースのストリーミング動画が、英語字幕・日本語字幕・字幕なしを自由に切り替えながら視聴できるのも、本書の大きな特長です。

2024年6月
『CNN English Express』編集部

CONTENTS

本書の構成と使い方

本書では、各ニュースが4見開き（8ページ）に掲載されており、以下のように構成されています。

最初の見開き

音声のトラック番号
番号は、最初の見開きのナチュラル音声 [1回目] → 2番目の見開きのゆっくり音声 [ポーズ入り] → 最初の見開きのゆっくり音声 [ポーズなし] という順になっています。

レポーターの音声のアクセントと学習法のアドバイス

トランスクリプトの日本語訳

ニュースの番号

ニュースの日本語タイトル

ニュースの英文タイトル

ニュースの背景などの説明

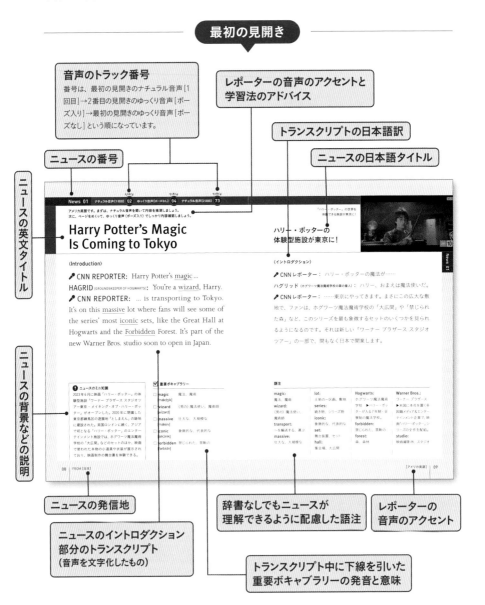

ニュースの発信地

ニュースのイントロダクション部分のトランスクリプト（音声を文字化したもの）

辞書なしでもニュースが理解できるように配慮した語注

レポーターの音声のアクセント

トランスクリプト中に下線を引いた重要ボキャブラリーの発音と意味

2番目の見開き

区切り聞きやシャドーイングを行いやすいように、情報・意味の区切り目ごとにスラッシュを入れて改行したトランスクリプト
対応する音声には区切り目ごとにポーズ（無音の間）が入っています。

音声のトラック番号

リスニングに関した学習法のアドバイス

英語で発信する力を高めるための学習法のアドバイス

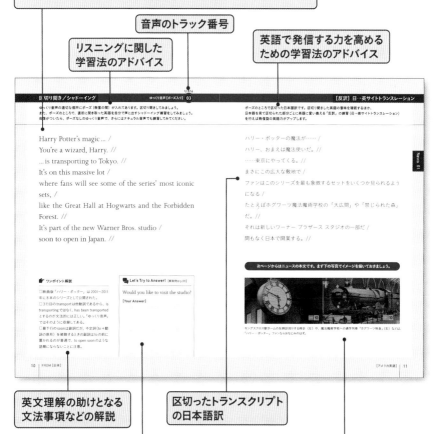

区切り聞き／シャドーイング　　　　　　　　ゆっくり音声[ポーズ入り] 03　　　　　　　　　【反訳】日→英サイトトランスレーション

ゆっくり音声の適切な箇所にポーズ（無音の間）が入れてあります。区切り聞きしてみましょう。
また、ポーズのところで、直前に聞き取った英語を自分で声に出すシャドーイング練習をしてみましょう。
自信がついたら、ポーズなしのゆっくり音声で、さらにはナチュラル音声でも練習してみてください。

ポーズのところで区切った日本語訳です。区切り聞きした英語の意味を確認するほか、
日本語を見て区切られた部分ごとに英語に言い換える「反訳」の練習（日→英サイトトランスレーション）を行えば発信型の英語の実践力がアップします。

Harry Potter's magic ... /
You're a wizard, Harry. //
... is transporting to Tokyo. //
It's on this massive lot /
where fans will see some of the series' most iconic sets, /
like the Great Hall at Hogwarts and the Forbidden Forest. //
It's part of the new Warner Bros. studio /
soon to open in Japan. //

ハリー・ポッターの魔法が…… /
ハリー、おまえは魔法使いだ。//
…… 東京にやってくる。//
まさにこの広大な敷地で /
ファンはこのシリーズを最も象徴するセットをいくつか見られるようになる /
たとえばホグワーツ魔法学校の「大広間」や「禁じられた森」だ。//
それは新しいワーナー ブラザース スタジオの一部だ /
間もなく日本で開業する。//

ワンポイント解説

□映画版『ハリー・ポッター』は 2001~2011 年に8本のシリーズとして公開された。
□3行目の transport は他動詞であるから、is transporting ではなく、has been transported とするのが文法的には正しい。「ゆっくり音声」ではわのように収録してある。
□最下行の soon は副詞なので、不定詞（to＋動詞の原形）を修飾するときの副詞はは to の前に置かれるのが普通で、to open soon のような語順にならないことに注意。

Let's Try to Answer! [解答例は p.00]
Would you like to visit the studio?
[Your Answer]

次ページからはニュースの本文です。まず下の写真でイメージを描いておきましょう。

キングスクロス駅ホームの反対時計あり時計（左）や、魔法魔術学校への通学列車「ホグワーツ特急」（右）などは、『ハリー・ポッター』ファンならおなじみのもの。

10 | FROM [日本]　　　　　　　　　　　　　　　　　　　　　　　　　　　　　　　　　　[アメリカ英語] | 11

英文理解の助けとなる文法事項などの解説

区切ったトランスクリプトの日本語訳

ニュースの内容について英語で自分の意見を述べるための練習問題
巻末にネイティブによる回答例が付いています。

次ページから始まるニュース本文の理解を助ける写真とその説明

本書の構成と使い方 | 05

3・4番目の見開き

ニュースの本文が3番目の見開きと4番目の見開きに2分割されていることの表示

ニュースの本文のトランスクリプト

音声のトラック番号

この見開きで単に「ゆっくり音声」と記載されているトラックはゆっくり音声［ポーズなし］を意味します。番号は、3番目の見開きのナチュラル音声［1回目］→4番目の見開きのナチュラル音声［1回目］→3番目の見開きのゆっくり音声［ポーズなし］→4番目の見開きのゆっくり音声［ポーズなし］という順になっています。

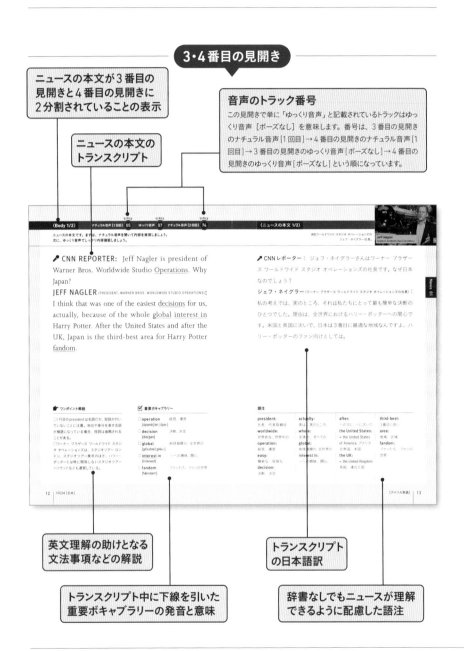

| (Body 1/2) | ナチュラル音声［1回目］ 05 | ゆっくり音声 07 | ナチュラル音声［2回目］ 74 | 《ニュースの本文 1/2》 |

ニュースの本文です。まずは、ナチュラル音声を聞いて内容を推測しましょう。
次に、ゆっくり音声でしっかり内容確認しましょう。

CNN REPORTER: Jeff Nagler is president of Warner Bros. Worldwide Studio Operations. Why Japan?

JEFF NAGLER (PRESIDENT, WARNER BROS. WORLDWIDE STUDIO OPERATIONS): I think that was one of the easiest decisions for us, actually, because of the whole global interest in Harry Potter. After the United States and after the UK, Japan is the third-best area for Harry Potter fandom.

CNN レポーター： ジェフ・ネイグラーさんはワーナー ブラザース ワールドワイド スタジオ オペレーションズの社長です。なぜ日本なのでしょう？

ジェフ・ネイグラー (ワーナー ブラザース ワールドワイド スタジオ オペレーションズの社長)： 私の考えでは、実のところ、それは私たちにとって最も簡単な決断のひとつでした。理由は、全世界におけるハリー・ポッターへの関心です。米国と英国に次いで、日本は3番目に最適な地域なんですよ、ハリー・ポッターのファン向けとしては。

英文理解の助けとなる文法事項などの解説

トランスクリプト中に下線を引いた重要ボキャブラリーの発音と意味

トランスクリプトの日本語訳

辞書なしでもニュースが理解できるように配慮した語注

オンラインサービス（購入者特典）について

本書のご購入者は、巻末（p.104）記載の「オンラインサービス（購入者特典）の登録方法」に従ってご登録いただくと、「オンラインサービス・ページ」へアクセスできるようになります。そのページでは、MP3音声や電子書籍版（PDF）のダウンロード、本書に収録したCNNニュースの動画の視聴（ストリーミング方式）などが可能です。書籍では各ニュースを短く編集してありますが、動画はノーカット版で、英語字幕・日本語字幕・字幕なしを自由に切り替えながらご覧いただけます。

なお、スマートフォンやタブレットをお持ちの方には、下記の音声再生アプリのご利用をお勧めいたします。使いやすく、機能も豊富です。

音声再生アプリの使い方

朝日出版社の音声再生アプリ「Listening Trainer（リスニング・トレーナー）」を使うと、MP3音声のダウンロードと再生がとても簡単・便利です。

1 App Store または Google Play ストアでアプリをダウンロードする。

2 アプリを開き、「コンテンツを追加」をタップする。

3 カメラへのアクセスを許可する。

4 スマートフォンのカメラでこのQRコードを読み込む。

5 読み取れない場合は、画面上部の空欄に 01332 を入力して Done を押す。

6 My Audio の中に表示された本書を選ぶ。

7 目次画面の右上の「Play All」を押すと、最初から再生される。

8 特定の音声を再生したい場合には、聞きたいものをタップする。

9 音声が再生される。

次ページからニュースが始まります➡

アメリカ英語です。まずは、ナチュラル音声を聞いて内容を推測しましょう。
次に、ページをめくって、ゆっくり音声（ポーズ入り）でしっかり内容確認しましょう。

Harry Potter's Magic Is Coming to Tokyo

〈Introduction〉

🎤 **CNN REPORTER:** Harry Potter's magic ...

HAGRID (GROUNDSKEEPER OF HOGWARTS)**:** You're a wizard, Harry.

🎤 **CNN REPORTER:** ... is transporting to Tokyo. It's on this massive lot where fans will see some of the series' most iconic sets, like the Great Hall at Hogwarts and the Forbidden Forest. It's part of the new Warner Bros. studio soon to open in Japan.

❗ ニュースのミニ知識

2023年6月に映画「ハリー・ポッター」の体験型施設「ワーナー ブラザース スタジオツアー東京 - メイキング・オブ・ハリー・ポッター」がオープンした。2020年に閉園した東京都練馬区の遊園地「としまえん」の跡地に建設された。英国ロンドンに続く、アジアで初となる「ハリー・ポッター」のエンターテインメント施設では、ホグワーツ魔法魔術学校の「大広間」などのセットのほか、映画で使われた本物の小道具や衣装が展示されており、映画制作の舞台裏を体験できる。

☑ 重要ボキャブラリー

- ☐ **magic**　魔法、魔術
  [mǽdʒik]
- ☐ **wizard**　（男の）魔法使い、魔術師
  [wízərd]
- ☐ **massive**　壮大な、大規模な
  [mǽsiv]
- ☐ **iconic**　象徴的な、代表的な
  [aikɑ́nik]
- ☐ **forbidden**　禁じられた、禁断の
  [fərbídn]

「ハリー・ポッター」の世界を
体験できる施設が東京に！

ハリー・ポッターの
体験型施設が東京に！

〈イントロダクション〉

🎤 CNNレポーター： ハリー・ポッターの魔法が……

ハグリッド（ホグワーツ魔法魔術学校の森の番人）： ハリー、おまえは魔法使いだ。

🎤 CNNレポーター： ……東京にやってきます。まさにこの広大な敷地で、ファンは、ホグワーツ魔法魔術学校の「大広間」や「禁じられた森」など、このシリーズを最も象徴するセットのいくつかを見られるようになるのです。それは新しい「ワーナー ブラザース スタジオ ツアー」の一部で、間もなく日本で開業します。

語注

magic: 魔法、魔術	**lot:** 土地の一区画、敷地	**Hogwarts:** ホグワーツ魔法魔術学校 ▶ハリー・ポッターが入る7年制・全寮制の魔法学校。	**Warner Bros.:** ワーナー ブラザース ▶米国に本社を置く多国籍メディア＆エンターテインメント企業で、映画「ハリー・ポッター」シリーズの全作を配給。
wizard: （男の）魔法使い、魔術師	**series:** 続き物、シリーズ物		
transport: 〜を輸送する、運ぶ	**iconic:** 象徴的な、代表的な	**forbidden:** 禁じられた、禁断の	
massive: 壮大な、大規模な	**set:** 舞台装置、セット	**forest:** 森、森林	**studio:** 映画撮影所、スタジオ
	hall: 集会場、大広間		

ゆっくり音声の適切な個所にポーズ（無言の間）が入れてあります。区切り聞きしてみましょう。
また、ポーズのところで、直前に聞き取った英語を自分で声に出すシャドーイング練習をしてみましょう。
自信がついたら、ポーズなしのゆっくり音声で、さらにはナチュラル音声でも練習してみてください。

Harry Potter's magic ... /

You're a wizard, Harry. //

... is transporting to Tokyo. //

It's on this massive lot /

where fans will see some of the series' most iconic sets, /

like the Great Hall at Hogwarts and the Forbidden Forest. //

It's part of the new Warner Bros. studio /

soon to open in Japan. //

👉 **ワンポイント解説**

□映画版「ハリー・ポッター」は2001〜2011年に8本のシリーズとして公開された。
□3行目のtransportは他動詞であるから、is transportingではなく、has been transportedとするのが文法的には正しい。「ゆっくり音声」ではそのように収録してある。
□最下行のsoonは副詞だが、不定詞（to＋動詞の原形）を修飾するときの副詞はtoの前に置かれるのが普通で、to open soonのような語順にならないことに注意。

💬 **Let's Try to Answer!** ［解答例はp.88］

Would you like to visit the studio?

[Your Answer]

ポーズのところで区切った日本語訳です。区切り聞きした英語の意味を確認するほか、
日本語を見て区切られた部分ごとに英語に言い換える「反訳」の練習（日→英サイトトランスレーション）
を行えば発信型の英語力がアップします。

News 01

ハリー・ポッターの魔法が…… /

ハリー、おまえは魔法使いだ。//

……東京にやってくる。//

まさにこの広大な敷地で /

ファンはこのシリーズを最も象徴するセットをいくつか見られるよう

になる /

たとえばホグワーツ魔法魔術学校の「大広間」や「禁じられた森」

だ。//

それは新しいワーナー ブラザース スタジオの一部だ /

間もなく日本で開業する。//

次ページからはニュースの本文です。まず下の写真でイメージを描いておきましょう。

キングスクロス駅ホームの反時計回りする時計（左）や、魔法魔術学校への通学列車「ホグワーツ特急」（右）などは、
「ハリー・ポッター」ファンならおなじみのはず。

ニュースの本文です。まずは、ナチュラル音声を聞いて内容を推測しましょう。
次に、ゆっくり音声でしっかり内容確認しましょう。

🎙 **CNN REPORTER:** Jeff Nagler is president of Warner Bros. Worldwide Studio <u>Operations</u>. Why Japan?

JEFF NAGLER (PRESIDENT, WARNER BROS. WORLDWIDE STUDIO OPERATIONS)**:**
I think that was one of the easiest <u>decisions</u> for us, actually, because of the whole <u>global</u> <u>interest in</u> Harry Potter. After the United States and after the UK, Japan is the third-best area for Harry Potter <u>fandom</u>.

👉 **ワンポイント解説**

□ 1行目のpresidentは名詞だが、冠詞が付いていないことに注意。地位や身分を表す名詞が補語になっている場合、冠詞は省略されることがある。

□ ワーナー ブラザース ワールドワイド スタジオ オペレーションズは、スタジオツアー東京のほか、スタジオツアー ロンドン、スタジオツアー ハリウッドなどワーナーのエンターテインメント施設を運営している。

☑ **重要ボキャブラリー**

□ **operation** 経営、運営
[ɑ̀pəréiʃən | ɔ̀pə-]

□ **decision** 決断、決定
[disíʒən]

□ **global** 地球規模の、全世界の
[glóubəl | gléu-]

□ **interest in** ～への興味、関心
[íntərəst]

□ **fandom** ファンたち、ファンの世界
[fǽndəm]

WBワールドワイド スタジオ オペレーションズの
ジェフ・ネイグラー社長。

Jeff Nagler
President, Worldwide Studio Operations

🎤 **CNN レポーター：** ジェフ・ネイグラーさんはワーナー ブラザース ワールドワイド スタジオ オペレーションズの社長です。なぜ日本なのでしょう？

ジェフ・ネイグラー (ワーナー ブラザース ワールドワイド スタジオ オペレーションズの社長)： 私の考えでは、実のところ、それは私たちにとって最も簡単な決断のひとつでした。理由は、全世界におけるハリー・ポッターへの関心です。米国と英国に次いで、日本は3番目に最適な地域なんですよ、ハリー・ポッターのファン向けとしては。

語注

president: 社長、代表取締役	**actually:** 実は、実のところ	**after:** 〜の次に、〜に次いで	**third-best:** 3番目に良い
worldwide: 世界的な、世界中の	**whole:** 全体の、すべての	**the United States:** = the United States of America　アメリカ 合衆国、米国	**area:** 地域、区域
operation: 経営、運営	**global:** 地球規模の、全世界の		**fandom:** ファンたち、ファンの 世界
easy: 簡単な、容易な	**interest in:** 〜への興味、関心	**the UK:** = the United Kingdom 英国、連合王国	
decision: 決断、決定			

ニュースの本文です。まずは、ナチュラル音声を聞いて内容を推測しましょう。
次に、ゆっくり音声でしっかり内容確認しましょう。

🎤 CNN REPORTER: The Tokyo studio is modeled after the one in London and will be larger—a big draw, the Hogwarts Express train that was made in London, transported by land and by sea to its new home here in Japan.

It's not just about the sets; it's about the accessories—the costumes, the props—like the ones you've seen in the movies.

Aired on March 21, 2023

👉 ワンポイント解説

□ 2行目のthe oneはthe studioと言い換えられる。
□ 6行目のIt's aboutは、主題や重要なことなどに言及するときに用いられる表現。ここではスタジオツアー東京の重要な部分、すなわち見どころについての言及になっている。
□ 7行目のthe onesはthe accessoriesと言い換えられる。

☑ 重要ボキャブラリー

□ **be modeled after**　～を手本にしている、
[mάdəld | mɔ́-]　～に倣っている
□ **draw**　呼び物、人を引き付
[drɔː]　けるもの
□ **accessory**　付属物、装備品
[əksésəri]
□ **costume**　衣装、服装
[kάstuːm | kɔ́stjuːm]
□ **prop**　小道具、撮影備品
[prɑp | prɔp]

ホグワーツ特急の車両は、遠路、ロンドンから運び込まれました。

🎤 **CNN レポーター**： 東京のスタジオはロンドンのスタジオに倣っていますが、より大規模になります —— 大きな呼び物である「ホグワーツ特急」の車両はロンドンで製造され、ここ日本の新たな本拠地まで陸路と海路で輸送されました。

　見どころはセットだけではありません。さまざまな付属物 —— 衣装や小道具など —— も、映画で見たままのものとして展示されているのです。

（2023 年 3 月 21 日放送）（訳：谷岡美佐子）

語注

be modeled after: 〜を手本にしている、 〜に倣っている **draw:** 呼び物、人を引き付けるもの **express train:** 急行列車	**be made in:** 〜で作られた、〜製である **by land:** 陸路で **by sea:** 海路で、船で	**home:** 本拠地、故郷 **be about:** 〜を扱っている、〜の問題だ **accessory:** 付属物、装備品	**costume:** 衣装、服装 **prop:** 小道具、撮影備品 **movie:** 映画

アメリカ英語です。まずは、ナチュラル音声を聞いて内容を推測しましょう。
次に、ページをめくって、ゆっくり音声（ポーズ入り）でしっかり内容確認しましょう。

ChatGPT and AI Risks

〈Introduction〉

🎙 **CNN ANCHOR:** We start on Capitol Hill, where congressional leaders are deeply concerned with the risks of artificial intelligence, or AI. Now, with some background, we've all heard how the impact of AI can change our daily lives, where it can even impact how we work within many industries, impacting jobs across the globe.

❗ **ニュースのミニ知識**

対話型AI（人工知能）サービス「チャットGPT」を開発したオープンAI社の最高経営責任者サム・アルトマン氏が、2023年5月に米国連邦議会上院司法委員会で証言した。同氏は2024年の大統領選でAIを使った民意の操作が行われたり、にせ情報が出回ることを懸念していると述べ、AI規制の必要性を訴えた。政治はAIの進化のスピードについていけないと議会で悲観的なムードが漂う中、専門家は一般市民もAIについて学び、来るべき状況に備えるべきだと警鐘を鳴らす。

✅ **重要ボキャブラリー**

- ☐ **congressional** [kəngréʃənəl]　議会の、国会の
- ☐ **be concerned with** [kənsə́rnd]　〜を気にしている、心配している
- ☐ **artificial intelligence** [intélidʒəns]　人工知能（略称AI）
- ☐ **background** [bǽkgràund]　背景的情報、予備知識
- ☐ **impact** [(名) ímpækt; (動) impǽkt]　①影響　②〜に影響を与える

社会を劇的に変えかねないAIですが、
その危険性も指摘されています。

チャットGPT時代のAIは
人類の脅威か?

〈イントロダクション〉

🎙 **CNNアンカー:** 最初に米国連邦議会の話題をお伝えしますが、そこで議会のリーダーたちが強い懸念を示しているのは、人工知能すなわちAIの危険性です。さて、多少なりとも事情に通じている人ならだれでも、AIの影響で私たちの日常生活がどれだけ変わりかねないか聞いたことがあるでしょうが、それは多くの産業における働き方に影響を及ぼすこともありえるほどなのです。それは世界中の仕事に衝撃を与えているのですから。

語注

ChatGPT:
チャットGPT　▶オープンAIが開発した生成AI。2022年11月に3.5を公開。以降、順次バージョンアップしている。
risk:
危険性、リスク

Capitol Hill:
米国連邦議会、国会議事堂
congressional:
議会の、国会の
deeply:
ひどく、深刻に
be concerned with:
〜を気にしている、心配している

artificial intelligence:
人工知能　▶略称AI。
deeply:
深く、非常に
background:
背景的情報、予備知識
impact:
①影響　②〜に影響を与える

daily life:
日常生活
industry:
産業、工業
job:
仕事、職
across the globe:
世界中で、全世界で

ゆっくり音声の適切な個所にポーズ（無言の間）が入れてあります。区切り聞きしてみましょう。
また、ポーズのところで、直前に聞き取った英語を自分で声に出すシャドーイング練習をしてみましょう。
自信がついたら、ポーズなしのゆっくり音声で、さらにはナチュラル音声でも練習してみてください。

We start on Capitol Hill, /

where congressional leaders are deeply concerned /

with the risks of artificial intelligence, or AI. //

Now, with some background, /

we've all heard how the impact of AI can change our
daily lives, /

where it can even impact how we work within many
industries, /

impacting jobs across the globe. //

👉 **ワンポイント解説**

□ 2行目のwhereは非制限用法の関係副詞
で、and thereと言い換えられる。

□ 7行目のwhereは接続詞と考えられ、2つ
の文を比較したり対照を示したりするのに用い
られる接続詞のwhereasに近い用法。

□ 最下行は分詞構文で、as it is impacting
jobs across the globeなどと言い換えることが
できる。

 Let's Try to Answer! [解答例はp.89]

Would you like to use ChatGPT?

[Your Answer]

ポーズのところで区切った日本語訳です。区切り聞きした英語の意味を確認するほか、
日本語を見て区切られた部分ごとに英語に言い換える「反訳」の練習（日→英サイトトランスレーション）
を行えば発信型の英語力がアップします。

最初は米国連邦議会の話題から始める /

そこで議会のリーダーたちは強く懸念している /

人工知能、すなわちAIの危険性を。//

さて、多少の予備知識があれば /

AIの影響で私たちの日常生活がどれだけ変わりうるか、だれもが聞い

たことがある /

そして、それは多くの産業における働き方に影響を及ぼしかねないほ

どだ /

世界中の仕事に影響を与えているのだから。//

News 02

> 次ページからはニュースの本文です。まず下の写真でイメージを描いておきましょう。

有名なSF映画『ターミネーター』では殺人サイボーグ（左）などが登場しますが、AIに関して最も懸念されていることの
ひとつは、無人兵器などへの利用です。オープンAI設立にも関わったイーロン・マスク氏（右）も、AIのリスクに言及し
ています。

ニュースの本文です。まずは、ナチュラル音声を聞いて内容を推測しましょう。
次に、ゆっくり音声でしっかり内容確認しましょう。

🎤 **CNN ANCHOR:** The tech company OpenAI has been at the center of all of this, especially after the wild success of ChatGPT, the company's <u>chatbot</u> tool, where it can learn to mimic the grammar and <u>structure</u> of our writing and speech.

SAM ALTMAN (CEO, OpenAI): My worst <u>fears</u> are that we cause <u>significant</u>…we—the field, the technology, the industry—cause significant <u>harm</u> to the world.

👉 ワンポイント解説

□ 4行目のwhereは接続詞と考えられ、2つの文を比較したり対照を示したりするのに用いられる接続詞のwhereasに近い用法。
□ 6行目のworst fearsはbad fearsの最上級形。
□ 最下行のcauseの主語は直前のthe industryではなくwe。そのため、causesとはなっていない。the field... the industryはweについて具体的にするための挿入句。

✅ 重要ボキャブラリー

□ **chatbot** チャットボット
[tʃǽtbɑːt | -bɔt]
□ **structure** 構造、構成
[strʌ́ktʃər]
□ **fear** 懸念、心配
[fíər]
□ **significant** 重大な、著しい
[signífikənt]
□ **harm** 害、損害
[hɑ́ːrm]

チャットGPTなどの生成AIは
自然な言葉遣いで応答してくれます。

📍 **CNNアンカー:** テック企業のオープンAIがこれらすべての中心に
なっていて、特に同社のチャットボット・ツール「チャットGPT」の
大成功以降はそうなのですが、このチャットボット・ツールときたら
学習してまねられるようになっているのです、私たちが書いたり話し
たりするときの文法や構成を。

サム・アルトマン (オープンAIの最高経営責任者): 私が最も恐れているのは、私
たちが引き起こす重大な……私たちが —— つまりこの分野、この技
術、この産業が —— 世界に重大な損害を引き起こすことです。

News 02

語注

tech company:
テック企業、IT系企業
▶ITなどのテクノロジー
を駆使したビジネスを
展開している企業。

especially:
特に、とりわけ

wild success:
大成功

chatbot:
チャットボット ▶人工
知能を活用した「自動
会話プログラム」のこと。

tool:
道具、ツール

learn to *do*:
〜の仕方を習得する、学
習して〜できるようになる

mimic:
〜をまねる、模倣する

grammar:
文法、語法

structure:
構造、構成

writing:
書くこと、書かれたもの

speech:
話すこと、発言

fear:
懸念、心配

cause:
〜を引き起こす、〜の
原因となる

significant:
重大な、著しい

field:
分野、領域

technology:
科学技術、テクノロジー

harm:
害、損害

ニュースの本文です。まずは、ナチュラル音声を聞いて内容を推測しましょう。
次に、ゆっくり音声でしっかり内容確認しましょう。

🎤 **CNN REPORTER:** Today's Senate hearing is a crucial step in humanity's effort to prevent that harm and to <u>rein in</u> the handful of players controlling this tech.

SAM ALTMAN: So I think there needs to be incredible <u>scrutiny on</u> us and our competitors.

🎤 **CNN REPORTER:** AI has potentially world-changing benefits—<u>equitable</u> education, helping eradicate disease, transportation. AI can be <u>life-enhancing</u> or maybe an existential <u>threat to</u> humanity.

Aired on May 19, 2023

👉 ワンポイント解説

☐ 3行目のto rein in は、その前のto prevent 同様、humanity's effortの目的を示す不定詞になっている。
☐ 3〜4行目のcontrolling this techはplayers を後ろから修飾している。
☐ 8〜9行目のequitable educationから transportationまでは、その前のbenefitsを 具体的に言い換えたもの。

☑ 重要ボキャブラリー

☐ **rein in** ～を抑制する、制御する
[réin in]

☐ **scrutiny on** ～に対する監視、監督
[skrúːtəni]

☐ **equitable** 公平な、公正な
[ékwətəbl]

☐ **life-enhancing** 人生を豊かにするような、
[láif inhɑːnsiŋ] 生活の質を高めるような

☐ **threat to** ～への脅威、～にとって
[θrét] 危険な存在

サム・アルトマン氏は、米上院司法委員会で
AI技術を監視する必要性を訴えました。

Sam Altman
CEO and co-founder | Open AI

🎤 **CNN レポーター**： 本日の上院での公聴会は人類の努力における極めて大きな一歩であり、そうした損害を防ぎ、この技術を支配する一握りの関係者を抑制するものです。

サム・アルトマン： ですから、弊社も弊社のライバル企業も非常に厳しく監視される必要があると思います。

🎤 **CNN レポーター**： AIは世界が一変するような恩恵をもたらすかもしれません —— 公平な教育、病気根絶の促進、輸送といった面での恩恵です。AIは生活の質を高めてくれるものになりえますが、もしかしたら人類の存続に関わる脅威になる可能性もあるのです。

（2023年5月19日放送）（訳：谷岡美佐子）

語注

Senate:
（米国などの）上院
hearing:
聴聞会、公聴会
crucial:
決定的な、極めて重大な
humanity:
人類、人間
effort:
努力、取り組み

prevent:
〜を防ぐ、阻止する
rein in:
〜抑制する、制御する
handful:
一握り、少数
incredible:
途方もない、非常な
scrutiny on:
〜に対する監視、監督

competitor:
競争相手、ライバル
potentially:
潜在的に、もしかすると
benefit:
利益、恩恵
equitable:
公平な、公正な
eradicate:
〜を根絶する、ぼく滅する

transportation:
輸送、運輸
life-enhancing:
人生を豊かにするような、生活の質を高めるような
existential:
存在の、存在に関する
threat to:
〜への脅威、〜にとって危険な存在

インド英語です。まずは、ナチュラル音声を聞いて内容を推測しましょう。
次に、ページをめくって、ゆっくり音声 (ポーズ入り) でしっかり内容確認しましょう。

India to Become the Most Populous Country

〈Introduction〉

🎤 **CNN ANCHOR:** China has been the most populous country since at least 1950, the year that the United Nations began collecting population data. But families in China have been having fewer children and there have been more deaths there each year than births.

❗ ニュースのミニ知識

国連人口基金 (UNFPA) は2023年にインドの総人口が14億2860万人に達し、中国の14億2570万人を290万人上回るとの推計を発表した。国連が人口の統計を取り始めた1950年代以来続いた「中国が人口世界一」の時代は終わる。少子高齢化で2022年に人口減少に転じた中国とは対照的に、インドは人口の半分以上を30歳以下が占め、今後は経済成長の加速が見込まれる。ただし、就学率が低く貧富の差が大きいインドは、雇用の確保など多様な問題を抱えているのも事実だ。

☑ 重要ボキャブラリー

- [ ] **populous**
  [pɑ́pjələs | pɔ́-]
  人口の多い、人口密度の高い
- [ ] **collect**
  [kəlékt]
  〜を集める、収集する
- [ ] **population**
  [pɑ̀pjəléiʃən | pɔ̀-]
  人口、住民数
- [ ] **data**
  [déitə, dǽtə | dɑ́ːtə]
  資料、データ
- [ ] **birth**
  [bə́ːrθ]
  誕生、出生

世界一の人口大国の座を
遂にインドが中国から奪いました。

インドが中国を抜いて
人口世界一に

〈イントロダクション〉

🎤 CNNアンカー：　中国は、少なくとも1950年からはずっと、最も人口の多い国でした。1950年というのは、国連が人口統計のデータを取り始めた年です。しかし、中国家庭における子供の数は減り続けており、中国では毎年、死亡数が出生数を上回っています。

語注

populous: 人口の多い、人口密度の高い **since:** 〜以来、〜以後 **at least:** 少なくとも	**United Nations:** 国際連合、国連 ▶1945年に発足した国際平和と安全の維持を主な目的とする国際機関。 **collect:** 〜を集める、収集する	**population:** 人口、住民数 **data:** 資料、データ **family:** 家族、所帯 **have a child:** 子供を持つ、子をもうける	**few:** 数が少ない、ほとんどない **death:** 死、死者数 **birth:** 誕生、出生

ゆっくり音声の適切な個所にポーズ（無言の間）が入れてあります。区切り聞きしてみましょう。
また、ポーズのところで、直前に聞き取った英語を自分で声に出すシャドーイング練習をしてみましょう。
自信がついたら、ポーズなしのゆっくり音声で、さらにはナチュラル音声でも練習してみてください。

China has been the most populous country /

since at least 1950, /

the year that the United Nations began collecting
population data. //

But families in China have been having fewer
children /

and there have been more deaths there each year
than births. //

👉 ワンポイント解説

□ 1～2行目のように現在完了形がsinceを伴う場合は、「〜以来ずっと」という継続を表す。
□ 3行目のthe yearは直前の1950の言い換え。それに続くthatは接続詞で、that節全体がthe yearを後ろから同格的に修飾している。
□ 5行目のhave been having fewer childrenは「より少ない子供を持ち続けてきた」が直訳だが、要するに「持つ子供の数が減り続けている」ということ。

💬 Let's Try to Answer! ［解答例はp.90］

Do you think Japan should take action to boost the nation's birthrate?

[Your Answer]

ポーズのところで区切った日本語訳です。区切り聞きした英語の意味を確認するほか、
日本語を見て区切られた部分ごとに英語に言い換える「反訳」の練習（日→英サイトトランスレーション）
を行えば発信型の英語力がアップします。

中国はこれまでずっと最も人口の多い国だった /

少なくとも 1950 年以降は /

国連が人口統計のデータを取り始めた年だ。//

しかし、中国の家庭が持つ子供の数は減り続けている /

そして、そこでは毎年、死亡数が出生数を上回っている。//

News 03

次ページからはニュースの本文です。まず下の写真でイメージを描いておきましょう。

中国とインドは共に 14 億を超える人口大国で、両国を合わせると世界人口の3分の1を占めるほどですが、中国よりもインドの出生数が多く、総人口数に差が生じています

ニュースの本文です。まずは、ナチュラル音声を聞いて内容を推測しましょう。
次に、ゆっくり音声でしっかり内容確認しましょう。

🎤 **CNN ANCHOR:** In India, however, there is a younger population and there are higher national <u>fertility rates</u> and a <u>decrease</u> in <u>infant mortality</u>.

🎤 **CNN REPORTER:** India's birth rate has slowed, but the country is still quickly adding to its 1.4 billion strong population. According to UNICEF, more than 67,300 babies are born in India every day. That's one-sixth of the world's <u>wealth</u> <u>counts</u> daily.

👉 **ワンポイント解説**

□ 1行目のhoweverは、「しかしながら」と訳されるのでbutなどと同じ接続詞のように思えるが、副詞。そのため、置く位置は文頭に限らず、この例のように文中にくることも多い。
□ 最下行のone-sixthのように、英語では分数を「分子＋ハイフン＋分母」の形で表し、分母には序数（first, second, third...などの順番を示す語）を用いる。ただし、「2分の1」はhalfまたはone-half、「4分の1」はquarterまたはone-quarterで表すことに注意。

✅ **重要ボキャブラリー**

□ **fertility rate** 出産率、出生率
[fəːrtíləti]
□ **decrease** 減少、低下
[díːkriːs]
□ **infant mortality** 乳児死亡率（生後1年間
[mɔːrtǽləti] の死亡率）
□ **wealth** 豊富さ、多さ
[wélθ]
□ **count** 総数計算、計数
[kaunt]

インドの出生率や出生数について
産科の医院から伝えるCNNレポーター。

🎤 **CNNアンカー:** しかしながら、インドの住民はより若く、国の出生率は高く、乳児死亡率は低下しています。

🎤 **CNNレポーター:** インドの出生率の伸びは減速しているものの、この国は今なお14億という膨大な人口を急速に増やしています。ユニセフによれば、インドでは毎日6万7,300人以上の赤ちゃんが誕生しています。これは世界で1日当たりに生まれる赤ちゃんの総数の6分の1に相当します。

語注

however:
しかしながら、とはいえ

national:
国の、国内の

fertility rate:
出産率、出生率　▶1人の女性が出産可能年齢に産む子供の数の平均を表す。

decrease:
減少、低下

infant mortality:
乳児死亡率　▶生後1年間の死亡率。

birth rate:
出生率　▶人口1,000人に対する1年間の出生数の比率のこと。

slow:
速度が落ちる、鈍る

quickly:
速く、急速に

add to:
〜を増す、増加させる

billion:
10億

according to:
〜によれば、〜の見解によれば

UNICEF:
ユニセフ、国連児童基金　▶発展途上国や災害地の子供の保健、

教育、福祉などのために援助する国連の機関。

be born:
生まれる

wealth:
豊富さ、多さ

count:
総数計算、計数

daily:
1日当たりの、毎日の

ニュースの本文です。まずは、ナチュラル音声を聞いて内容を推測しましょう。
次に、ゆっくり音声でしっかり内容確認しましょう。

🎤 **CNN REPORTER:** Already more than half of all Indians are under the age of 30. That means a <u>huge</u> potential to grow the national economy, but education and <u>investment</u> need to keep up if there are going to be jobs for a new <u>generation</u>. India's new global <u>title</u> will mean little if it doesn't come with fresh <u>opportunity</u>.

Aired on April 19, 2023

👉 **ワンポイント解説**

☐ 2行目の under the age of 30 は、正確には 30歳を含まない、つまり「30歳以下」ではなく「30歳より下＝30歳未満」であることに注意。「30歳以下」は the age of 30 or under などとするとよい。逆に、「30歳より上＝31歳以上」と言いたい場合は over the age of 30、「30歳以上」なら the age of 30 or over などとするとよい。

☐ 6行目の new global title は、具体的には「人口世界一」という称号を指す。

☑ **重要ボキャブラリー**

☐ **huge** 巨大な、とても大きな
[hjúːdʒ]

☐ **investment** 投資、出資
[invéstmənt]

☐ **generation** 世代
[dʒènəréiʃən]

☐ **title** 肩書、称号
[táitl]

☐ **opportunity** 機会、チャンス
[àpərtjúːnəti | ɔ̀pə-]

人口増加を国のメリットにするには、
若者のための教育と投資が不可欠です。

CNN10

🎤 **CNNレポーター：**　すでにインドの全人口の半数以上が30歳未満です。このことは、国の経済発展にとって無限の可能性があることを意味しています。しかし、新しい世代の職を確保するためには、教育と投資を維持していく必要があります。インドが手に入れた世界的な称号は、新規のチャンスを伴わなければ、あまり意味がないでしょう。

（2023年4月19日放送）（訳：谷岡美佐子）

語注

already: すでに、早くも	**economy:** 経済、景気	**job:** 仕事、職	**mean little:** ほとんど意味がない、 あまり意味がない
Indian: インド人	**education:** 教育、育成	**generation:** 世代	**come with:** 〜を伴う、〜に付属し ている
huge: 巨大な、とても大きな	**investment:** 投資、出資	**global:** 世界的な、地球規模 の	**fresh:** 新たな、新規の
potential: 潜在力、可能性	**keep up:** （ある水準を）維持する、 衰えない	**title:** 肩書、称号	**opportunity:** 機会、チャンス
grow: 〜を育てる、発達させる			

アメリカ英語です。まずは、ナチュラル音声を聞いて内容を推測しましょう。
次に、ページをめくって、ゆっくり音声 (ポーズ入り) でしっかり内容確認しましょう。

Enjoy 3D-Printed Cheesecake!

⟨Introduction⟩

🎤 **CNN REPORTER:** Jonathan Blutinger and his team at Columbia's Creative Machines Lab attempted over and over and over to make that very satisfying cheesecake using a 3D printer. The results were terrible until they realized cheesecake's creamy, soft texture required some rethinking.

❗ ニュースのミニ知識

「食」の分野に3Dプリンターを生かす動きが広がっている。米国コロンビア大学の研究チームは3Dプリンターを使った本格的なチーズケーキ作りに乗り出した。3Dフードプリンターの技術が発展すれば、栄養やカロリー摂取量の管理も容易になる上、人間の手を介さないため食品汚染の危険性を最小限に抑えられるという利点もあるという。ボタンを押すだけで食べたい料理が瞬時に"出力"される —— そんな時代がすぐそこまで来ているのかもしれない。

☑ 重要ボキャブラリー

- **attempt to *do*** ～しようと試みる、企てる
  [ətémpt]
- **satisfying** 満足な、満足のいく
  [sǽtisfàiiŋ]
- **terrible** ひどい、悲惨な
  [térəbl]
- **realize (that)** ～であると気づく、理解する
  [ríːəlàiz]
- **texture** 質感、風合い
  [tékstʃər]

Courtesy of Jonathan Blutinger/Columbia Engineering

職人が手作りするイメージのケーキも
今や3Dプリンターで製造可能に。

3Dプリンターで
職人技のチーズケーキ作り

〈イントロダクション〉

🎙 **CNN レポーター：** コロンビア大学創造的機械研究所のジョナサン・ブルティンガーさんと彼のチームは、何度も何度も挑戦を繰り返しながら、このような大変満足のいくチーズケーキを3Dプリンターで作ろうとしました。惨たんたる結果が続いた後に彼らがようやく気づいたのは、チーズケーキのなめらかで柔らかな風合いについて多少の再考が必要だということでした。

語注

3D-printed: 3Dプリントされた、3Dプリンターで作られた	**attempt to *do*:** 〜しようと試みる、企てる	**result:** 結果、結末	**texture:** 質感、風合い
creative: 独創的な、創造的な	**over and over:** 何度も繰り返して	**terrible:** ひどい、悲惨な	**require:** 〜を必要とする、要求する
machine: 機械、マシン	**satisfying:** 満足な、満足のいく	**realize (that):** 〜であると気づく、理解する	**rethinking:** 再考、見直し
lab: = laboratory 研究所、ラボ	**3D printer:** = three-dimensional printer 3次元プリンター、3Dプリンター	**creamy:** クリーム状の、なめらかで柔らかい	

ゆっくり音声の適切な個所にポーズ（無言の間）が入れてあります。区切り聞きしてみましょう。
また、ポーズのところで、直前に聞き取った英語を自分で声に出すシャドーイング練習をしてみましょう。
自信がついたら、ポーズなしのゆっくり音声で、さらにはナチュラル音声でも練習してみてください。

Jonathan Blutinger and his team at Columbia's Creative Machines Lab /

attempted over and over and over /

to make that very satisfying cheesecake /

using a 3D printer. //

The results were terrible /

until they realized /

cheesecake's creamy, soft texture required some rethinking. //

ワンポイント解説

□ 3行目の over and over and over は over and over の強調形。
□ 4行目の that very satisfying cheesecake は、画面に映っているきれいな仕上がりのケーキを指している。
□ 6行目の results が複数形であることに注意。1回の結果ではなく、同様の結果が何度もあったことを示している。
□ 7行目の realized の後には接続詞の that が省略されている。

Let's Try to Answer! ［解答例は p.91］

Would you like to try 3D-printed food?

[Your Answer]

ポーズのところで区切った日本語訳です。区切り聞きした英語の意味を確認するほか、
日本語を見て区切られた部分ごとに英語に言い換える「反訳」の練習（日→英サイトトランスレーション）
を行えば発信型の英語力がアップします。

コロンビア大学創造的機械研究所のジョナサン・ブルティンガーと彼

のチームは /

何度も何度も繰り返し試みた /

このような大変満足のいくチーズケーキを作ろうと /

3Dプリンターを使って。//

結果は惨たんたるもの続きだった /

彼らが気づくまでは /

チーズケーキのなめらかで柔らかな風合いに多少の再考が必要だと。//

News 04

> 次ページからはニュースの本文です。まず下の写真でイメージを描いておきましょう。

チーズケーキを3Dプリンターで作る際、最初は材料の柔らかさを考慮しなかったために失敗（左）。しかし、柔らかい材料を保持する仕切りの設置などで上出来に（右）。

ニュースの本文です。まずは、ナチュラル音声を聞いて内容を推測しましょう。
次に、ゆっくり音声でしっかり内容確認しましょう。

DR. JONATHAN BLUTINGER (COLUMBIA UNIVERSITY, CREATIVE MACHINES LAB): We didn't really think about the rheology of jelly and banana being so soft and kind of <u>mushy</u> that it kind of just <u>crumbled</u> as soon as the graham cracker paste kind of created a <u>ceiling</u> on top of it. So it was kind of a…it was a <u>sobering</u> experience.

Then we quickly started to think and try to create little walls and kind of little pockets to hold some of these softer <u>ingredients</u>. We got to a point that was pretty exciting.

👈 ワンポイント解説

□ 3行目のbeingはwhich isなどと置き換えることができる。また、それに続く文はso...that〜（非常に…なので〜）の構文になっている。
□ 7行目のstarted to thinkはstarted thinkingと同義だが、次に来る動詞が知的活動などを表す場合、startはto不定詞をとることが多い。
□ 9行目のthatはa pointを先行詞とする関係代名詞。

✅ 重要ボキャブラリー

□ **mushy** どろどろの、形の崩れた
[mʌ́ʃi]

□ **crumble** 崩れる、崩れ落ちる
[krʌ́mbl]

□ **ceiling** 天井、天井板
[síːliŋ]

□ **sobering** ハッとするような、気づきのある
[sóubəriŋ]

□ **ingredient** 材料、原料
[ingríːdiənt]

流動学を考慮した改善策などについて
説明するブルティンガーさん。

Dr. Jonathan Blutinger
Creative Machines Lab | Columbia University

ジョナサン・ブルティンガー博士 (コロンビア大学創造的機械研究所):　私たちは
ゼリーやバナナの流動学についてちゃんと考えてなかったのですが、
それらはあまりに柔らかいし、なんだかどろどろしているから、その
上にグラハムクラッカーの生地で作った天井板的なものを載せた途
端、なんかすぐに崩れてしまったのです。ですから、それはなんだか
……それはハッとさせられる経験でした。

　そこで、私たちがすぐに検討し試し始めたのは、ちょっとした仕切
りと小さなくぼみのようなものを作り、こうしたかなり柔らかい材料
の一部を保持することでした。その段階に至ると、私たちはかなり興
奮していました。

News 04

語注

rheology:
流動学、レオロジー
▶物質に関する粘性と
弾性を同時に扱う流動
の科学のこと。
jelly:
ゼリー、ゼリー状のもの
kind of:
なんだか、感じとして
mushy:
どろどろの、形の崩れた

crumble:
崩れる、崩れ落ちる
graham cracker:
グラハムクラッカー
▶グラハム粉（全粒粉）
入りクラッカー。細か
く砕いてケーキの台に
使われる。
paste:
生地、ペースト

create:
〜を作り出す、開発する
ceiling:
天井、天井板
sobering:
ハッとするような、気づ
きのある
experience:
経験、体験
wall:
壁、囲い

pocket:
くぼみ、ポケット
hold:
〜を維持する、保持す
る
ingredient:
材料、原料
pretty:
かなり、すごく

ニュースの本文です。まずは、ナチュラル音声を聞いて内容を推測しましょう。
次に、ゆっくり音声でしっかり内容確認しましょう。

🎙 **CNN REPORTER:** The now well-structured cheesecake just needed a finishing touch. In this case, the added flair was one that separates Columbia from their 3D printing counterparts. Blutinger used a touch of laser cooking that toasted the top with exacting precision not found in any other cooking appliance.

Aired on March 23, 2023

👉 **ワンポイント解説**

□ 3行目のthe added flairは前文のa finishing touchを受けたもので、仕上げのひと手間として「（最後に）加えられた独自の様式」を意味する。

□ 5行目のthatはlaser cookingを先行詞とする関係代名詞。

□ 6行目のexacting precisionとnot foundの間にはwhich wasが省略されていると考えられる。

✅ **重要ボキャブラリー**

□ **flair** 独自の様式、独特のセンス
[fléər]

□ **counterpart** 相当するもの、対応するもの
[káuntəpàːrt]

□ **toast** 〜をこんがり焼く、あぶる
[tóust]

□ **precision** 正確さ、精密さ
[prisíʒən]

□ **appliance** （家庭用の）器具、装置
[əpláiəns]

チョコレート菓子を作っているラボなど、
コロンビア大学のライバルも多い。

🎙 **CNN レポーター:** 　今やしっかりした仕立てになったチーズケーキは、仕上げのひと手間を待つだけとなりました。今回、そこに加えられた独自の様式は、コロンビア大学と他の 3D プリンティング研究機関との間に一線を画すものでした。ブルティンガーさんはレーザークッキングのひと手間によって、他のどの調理器具にも見られない厳格な精密さでケーキの上に焼き目をつけたのです。

(2023 年 3 月 23 日放送)(訳：谷岡美佐子)

語注

well-structured:
うまく構成された、
構造がしっかりした
finishing:
仕上げの
touch:
（仕上げなどの）ひと手間、ちょっとした加工
in this case:
この場合は

flair:
独自の様式、独特のセンス
separate:
〜を分ける、切り離す
counterpart:
相当するもの、対応するもの

laser cooking:
レーザークッキング
▶レーザーカッターと画像処理技術を組み合わせた局所加熱手法により、新しい調理法を開拓する研究。
toast:
〜をこんがり焼く、あぶる

exacting:
要求の高い、厳格な
precision:
正確さ、精密さ
find:
〜を見つける、見つけ出す
appliance:
（家庭用の）器具、装置

アメリカ英語です。まずは、ナチュラル音声を聞いて内容を推測しましょう。
次に、ページをめくって、ゆっくり音声 (ポーズ入り) でしっかり内容確認しましょう。

Why Do Cats Love Boxes?

〈Introduction〉

🎤 **CNN REPORTER:** You've probably seen a video like this one, where the millions like it. The Internet is overrun by cats in boxes. But why so few videos of dogs in boxes? Well, we sat down with possibly one of the most qualified cat experts on the planet to find out why cats like boxes and dogs don't.

❗ **ニュースのミニ知識**

プレゼントを買ったのに、猫はオモチャには目もくれず梱包されていた箱に夢中だった、というのはよくある話。また、どう考えても自分の体よりも小さい箱に入ろうとする猫の動画を見たことがある人も少なくないだろう。専門家によると、猫が段ボール箱を好む理由のひとつは、保温性があるため体温を逃がさないことだという。見る者を和ませてくれる猫の箱好きには、実は自然界において捕食者であると同時に被食者でもある猫ならではの狩猟戦略が見え隠れする。

✅ **重要ボキャブラリー**

- ☐ **be overrun by** 〜であふれる、〜がはびこる
  [òuvəːrrΛn]
- ☐ **possibly** もしかすると、ひょっとしたら
  [pásəbli | pó-]
- ☐ **qualified** 要件を満たした、適任の
  [kwáləfàid | kwó-]
- ☐ **expert** 熟練者、専門家
  [ékspəːrt]
- ☐ **the planet** この惑星、地球
  [plǽnit]

猫と犬との大きな違いって？
それは箱が大好きか否かです！

猫はなぜ
「箱」が好きニャンだろうか？

〈イントロダクション〉

🎤 **CNNレポーター：**　これと同じような動画をたぶん観たことがおありでしょうが、こういうのはみんな好きですよね。インターネットは箱に入った猫であふれ返っています。しかし、箱に入っている犬の動画がほとんどないのはなぜでしょうか。そこで私たちは、この地球上で最も適任ではないかと思われる猫専門家のおひとりにじっくり話を伺い、猫は箱好きなのに犬はそうでない理由を突き止めることにしました。

語注

probably: 恐らく、たぶん **video:** 動画、ビデオ **the millions:** 大衆、民衆 **be overrun by:** 〜であふれる、〜がはびこる	**few:** 数が少ない、ほとんどない **sit down with:** 〜とじっくり話す、話し合う	**possibly:** もしかすると、ひょっとしたら **qualified:** 要件を満たした、適任の	**expert:** 熟練者、専門家 **the planet:** この惑星、地球 **find out:** 〜を突き止める、見つけ出す

ゆっくり音声の適切な個所にポーズ（無言の間）が入れてあります。区切り聞きしてみましょう。
また、ポーズのところで、直前に聞き取った英語を自分で声に出すシャドーイング練習をしてみましょう。
自信がついたら、ポーズなしのゆっくり音声で、さらにはナチュラル音声でも練習してみてください。

You've probably seen a video like this one, /

where the millions like it. //

The Internet is overrun by cats in boxes. //

But why so few videos of dogs in boxes? //

Well, we sat down /

with possibly one of the most qualified cat experts
on the planet /

to find out why cats like boxes and dogs don't. //

☞ **ワンポイント解説**

□2行目のwhereは接続詞と考えられ、2つ
の文を比較したり対照を示したりするのに用い
られる接続詞のwhereasに近い用法。
□4行目は文として完結していない。in boxes
の後にare on the Internetなどを補って考え
るとよい。
□最下行のwhyは先行詞のreasonが省略さ
れた関係副詞と考えられる。

💬 **Let's Try to Answer!** ［解答例はp.92］

Are you a cat person or a dog
person?

[Your Answer]

ポーズのところで区切った日本語訳です。区切り聞きした英語の意味を確認するほか、
日本語を見て区切られた部分ごとに英語に言い換える「反訳」の練習（日→英サイトトランスレーション）
を行えば発信型の英語力がアップします。

あなたはたぶんこれと同じような動画を観たことがあるだろう /

それに、みんながそれを好きだ。//

インターネットは箱に入った猫であふれ返っている。//

しかし、犬が箱に入っている動画がほとんどないのはなぜだろう。//

そこで、私たちはじっくり話を聞いた /

この地球上で最も適任ではないかと思われる猫専門家に /

猫は箱好きなのに犬はそうではない理由を突き止めるために。//

News 05

次ページからはニュースの本文です。まず下の写真でイメージを描いておきましょう。

インターネットには箱に入ってうれしそうな猫の動画であふれています（左）。しかし、犬は段ボール箱の中に入れてもキョトンとするだけのようです（右）。

ニュースの本文です。まずは、ナチュラル音声を聞いて内容を推測しましょう。
次に、ゆっくり音声でしっかり内容確認しましょう。

INGRID JOHNSON (IAABC CERTIFIED CAT BEHAVIOR CONSULTANT): I think one of the things that we have to remember is that cats are a species that are both predator and prey. So, for cats, cardboard boxes can be a spot of safety and security. Nice place to hide and cozy up and take a nap.

It's also a great ambush point. Cats are ambush predators and would much rather just sit under a shrub and slowly wait for their prey to just meander by so that they can successfully catch it. A cardboard-box inside can serve a similar purpose and provide a place for them to pounce.

👉 **ワンポイント解説**

□ 2行目の最初の that は remember の目的語となる関係代名詞、is の後の that は名詞節を導く接続詞だが、3行目の species の後の that は主格の関係代名詞と考えられる。それぞれの違いに注意。

□ 9行目の meander に続く by は、「（歩いてるうちに）通りかかる」という熟語 walk by の by と同じ用法。また、その後の節は「～できるように、～するために」という目的を表す so that 構文になっている。

☑ **重要ボキャブラリー**

□ **species** （生物の）種、種類
[spíːʃiːz]

□ **predator** 捕食者、捕食動物
[prédətər]

□ **prey** えじき、被食者
[préi]

□ **ambush** 待ち伏せ、待ち伏せ攻撃
[ǽmbuʃ]

□ **pounce** 急に襲う、飛びかかる
[páuns]

IAABC（国際動物コンサルタント協会）公認の
猫行動コンサルタントのジョンソンさん。

イングリッド・ジョンソン（IAABC公認の猫行動コンサルタント）： 私たちが忘れてはならないことのひとつだと思うのですが、猫という種族は捕食者であると同時に被食者でもあるのです。そのため、猫にとって段ボール箱が安全・安心の場所だったりします。隠れてのんびりしたり、うたた寝したりするのに格好の場所なのです。

それは最高の待ち伏せ場所でもあります。猫は待ち伏せ型の捕食者ですが、どちらかというと低木の下にじっと身を潜めて獲物がちょうど通りかかるのをのんびり待つのが大好きで、そうやってうまく獲物をつかまえるのです。段ボール箱の中もそれと似た用途を果たし、飛びかかるための場所を猫に提供してくれます。

News 05

語注

species: （生物の）種、種類	**security:** 安全の確保、安心	**ambush:** 待ち伏せ、待ち伏せ攻撃	**successfully:** 首尾よく、うまく
predator: 捕食者、捕食動物	**hide:** 隠れる、潜伏する	**would rather** *do*: 〜する方がよい、むしろ〜するのを好む	**similar:** 同様の、似ている
prey: えじき、被食者	**cozy up:** 居心地よくなる、くつろぐ	**shrub:** 低木、かん木	**purpose:** 目的、用途
cardboard box: 段ボール箱	**take a nap:** うたた寝する、昼寝する	**meander:** 当てもなく歩く、ぶらぶらする	**provide:** 〜を供給する、用意する
spot: 場所、地点			**pounce:** 急に襲う、飛びかかる

ニュースの本文です。まずは、ナチュラル音声を聞いて内容を推測しましょう。
次に、ゆっくり音声でしっかり内容確認しましょう。

🎙 **CNN REPORTER**:　Now, back to the question, how come our dogs just don't love boxes as much as cats do?

JOHNSON:　They don't have the same <u>hunting strategies</u>. They don't have the same need for <u>preservation</u> in a place to hide. Some dogs <u>dig</u> them, but mostly I think they enjoy <u>tearing</u> them <u>up</u>. It's just not a dog thing.

Aired on April 26, 2023

👉 **ワンポイント解説**

□ 2行目のhow comeは、「理由」を問う疑問文を導くという点ではwhyと同じであるが、両者は語順に違いがある。すなわち、How come cats love boxes?のように「How come + 主語 + 動詞?」になるのに対し、Why do cats love boxes?のように「Why + 動詞 + 主語?」になることに注意。
□ 7行目の他動詞enjoyは目的語に動名詞を取り、to不定詞は取らないことに注意。

☑️ **重要ボキャブラリー**

□ **hunting**　　　狩り、狩猟
　[hʌ́ntiŋ]

□ **strategy**　　　戦略、策略
　[strǽtədʒi]

□ **preservation**　保護、保存
　[prèzərvéiʃən]

□ **dig**　　　　　〜を掘る、掘り返す
　[díg]

□ **tear...up**　　…をズタズタに引き裂く
　[téər]

１０１－８７９６

５０７

（受取人）
東京都千代田区西神田
三―三―五

朝日出版社　第三編集部
初級者からのニュース・リスニング
CNN Student News
２０２４［夏秋］係

お名前（ふりがな）		年齢	性別
		歳	男 女
ご住所 〒	TEL		
Eメールアドレス			
ご職業	英語の資格 ・英検（　　）級 ・TOEIC（　　）点 ・TOEFL（　　）点	お買上書店名	

01373

愛読者カード　CNN Student News 2024[夏秋]

ご購読ありがとうございました。ご意見、ご感想をお聞かせください。
電子メール（info@asahipress.com）でも受け付けています。

1　この本を何でお知りになりましたか。
　　□書店で見かけて　　　　　　　　□人にすすめられて
　　□広告・書評を見て（新聞・雑誌名　　　　　　　　　　　　　　　）
　　□ネットで見て（URL　　　　　　　　　　　　　　　　　　　　　）
　　□その他（　　　　　　　　　　　　　　　　　　　　　　　　　　）

2　お買い求めの動機をお聞かせください(複数可)。
　　□CNNニュースだから　　　　　　□内容がやさしそうだから
　　□トピックが面白そうだから　　　　□スピーキングの問題が掲載されているから
　　□オンラインサービス付きだから　　□表紙が気に入ったから
　　□その他（　　　　　　　　　　　　　　　　　　　　　　　　　　）

3　この本全体についてのご意見・ご感想をお聞かせください。

4　ご意見・ご感想を広告・HPなどで掲載してもよいですか。
　　□はい（a記名可　b匿名希望）　　　□いいえ

▼小社刊行物のご注文を承ります（代引でお届けします）。

品　　名	定価(税込)	冊数
MP3音声＆オンラインサービス付き CNN Student News 2023［春夏］	1,320円	
音声＆電子書籍版付き CNNニュース・リスニング 2024［春夏］	1,210円	
音声＆電子書籍版付き 発信型の英語アイデアBOOK	2,420円	
生声CD＆電子書籍版付き スティーブ・ジョブズ 伝説のスピーチ＆プレゼン	1,100円	
音声＆電子書籍版ダウンロード付き 最強のリスニング学習法	1,320円	
月刊『CNN English Express』の案内送付希望	無　料	

代引手数料は、何冊ご注文されても380円です。

大型のネコ科動物も、
箱好きなのは猫と変わらないようです。

🎤 **CNNレポーター：** さて、質問に戻りますが、なぜ犬は猫ほどには箱が大好きでないのでしょう？

ジョンソン： 犬は猫と同じ狩猟戦略を持っていません。彼らは猫と同じように隠れ場所に保護される必要がないのです。箱を掘る犬もいますが、たいていはズタズタに引き裂くのを楽しんでいるのだと思います。それは、要するに犬のお気に入りではないのです。

（2023年4月26日放送）（訳：谷岡美佐子）

News 05

語注

back to: 〜に戻って	**hunting:** 狩り、狩猟	**preservation:** 保護、保存	**tear...up:** …をズタズタに引き裂く
question: 質問、疑問	**strategy:** 戦略、策略	**dig:** 〜を掘る、掘り返す	**thing:** 一番好きなこと
How come...?: どうして…なのか、なぜ…か	**same:** 同じ、同一の	**mostly:** たいてい、大部分は	▶口語的な表現。
as much as: 〜と同じ程度に	**need:** 必要性、要求	**enjoy:** 〜を楽しむ、喜ぶ	

イギリス英語です。まずは、ナチュラル音声を聞いて内容を推測しましょう。
次に、ページをめくって、ゆっくり音声 (ポーズ入り) でしっかり内容確認しましょう。

AI Software that Mimics Voices

〈Introduction〉

🎤 **CNN REPORTER:** There has been an <u>explosion</u> in <u>fake</u> audio and voices being <u>generated</u> through artificial intelligence <u>technology</u>.

All you need is a couple minutes recording of anyone's voice and you can make it seem like they have said just about anything, even…

AI-GENERATED VOICE: Anderson Cooper.

❗ ニュースのミニ知識

AIの急速な進化に伴い、人工知能を活用して画像や音声などの一部を組み合わせて、データをねつ造する「ディープフェイク」と呼ばれる技術の脅威も高まっている。CNNレポーターのドニー・オサリバンは、カリフォルニア大学バークレー校のハニー・ファリド教授とともに、AIで合成した自身の声で両親に電話をかけて反応をみるという実験を行った。母親が違和感を感じながらも最終的にはだまされたことから、フェイク音声を見抜く難しさが浮き彫りになった。

☑ 重要ボキャブラリー

- ☐ **mimic** 〜をまねる、模倣する
  [mímik]
- ☐ **explosion** 爆発的増加、急増
  [iksplóuʒən]
- ☐ **fake** にせの、偽造の
  [feik]
- ☐ **generate** 〜を生み出す、生成する
  [dʒénərèit]
- ☐ **technology** 科学技術、テクノロジー
  [teknάlədʒi|teknó-]

米国では大統領選が近づく中、
フェイク音声などの影響が懸念されています。

大統領選にも影響？
AIによるフェイク音声

〈イントロダクション〉

🎤 **CNNレポーター：** 爆発的な勢いで人工知能（AI）技術を使った
にせの音声や声が作り出されています。

だれかの声を2、3分録音したものさえあれば、どんなことであれ、
まるでその人が言ったかのように見せることが可能で、たとえばこん
なことも……

AIで生成された声： アンダーソン・クーパーです。

語注

AI:	**fake:**	**need:**	**seem like:**
= artificial intelligence	①にせの、フェイクの	〜を必要とする	〜のように見える、
人工知能	②にせ物、フェイク	**a couple (of):**	〜のようである
mimic:	**audio:**	2〜3の ▶ofが付く	**just about:**
〜をまねる、模倣する	音声、オーディオ	のが標準だが、口語で	ほとんど、ほぼ
voice:	**generate:**	はofが落ちることがあ	**Anderson Cooper:**
声、音声	〜を生み出す、生成	る。	アンダーソン・クー
explosion:	する	**recording:**	パー ▶CNNの人気
爆発的増加、急増	**technology:**	録音、録画	アンカー。
	科学技術、テクノロ		
	ジー		

ゆっくり音声の適切な個所にポーズ（無言の間）が入れてあります。区切り聞きしてみましょう。
また、ポーズのところで、直前に聞き取った英語を自分で声に出すシャドーイング練習をしてみましょう。
自信がついたら、ポーズなしのゆっくり音声で、さらにはナチュラル音声でも練習してみてください。

There has been an explosion /

in fake audio and voices being generated /

through artificial intelligence technology. //

All you need is a couple minutes recording of anyone's voice /

and you can make it seem like they have said /

just about anything, even... /

Anderson Cooper. //

☞ ワンポイント解説

□ 2行目の being generated は which are generated などと言い換えることができる。

□ 4行目の All you need は「あなたが必要とするすべて」が字義で、All と you の間に need の目的語を示す関係代名詞 that が省略されている。

□ 5行目の anyone のように性別が不明な人は、6行目のように不定代名詞 they で受けるか、he or she のような形で表す。

💬 Let's Try to Answer! ［解答例は p.95］

Are you confident about not being taken in by fake voices?

[Your Answer]

ポーズのところで区切った日本語訳です。区切り聞きした英語の意味を確認するほか、
日本語を見て区切られた部分ごとに英語に言い換える「反訳」の練習（日→英サイトトランスレーション）
を行えば発信型の英語力がアップします。

爆発的な勢いが生じている /

そして、にせの音声や声が作り出されている /

人工知能（AI）の技術を使って。//

必要なのは、だれかの声を2、3分録音したものだけだ /

そして、まるでその人が言ったかのように見せることができる /

どんなことであれ、たとえばこんなことも…… /

アンダーソン・クーパーだ。//

News 06

次ページからはニュースの本文です。まず下の写真でイメージを描いておきましょう。

ＣＮＮレポーターは、デジタルフォレンジック（デジタル法科学）専門家のファリドさん（左）に取材する一方、実験的に、
AIによる自分のフェイク音声で両親に電話をかけてみました（右）。

AI-GENERATED VOICE: We've come here to U.C. Berkeley today to talk to Hany Farid, a <u>digital-forensic expert</u>, about just how easy it is to put words into other people's mouths.

🎤 **CNN REPORTER:** By <u>uploading</u> just a few minutes of me and some of my <u>colleagues</u>' voices to an AI audio service, I was able to create some <u>convincing</u> fakes.

👉 **ワンポイント解説**

□ 2〜3行目のa digital-forensic expertは Hany Faridについて補足説明する挿入句で、talk to Hany Farid about just how...というのがメインの流れ。

□ 3行目の疑問詞howは、前置詞aboutの目的語となる間接疑問文（いかに〜であるか）を導いている。

□ 4行目のpeopleは「（集合的に）人々」を表す語なので、複数扱い。そのため、その後のmouthには-sが付いて複数形になっている。

☑️ **重要ボキャブラリー**

□ **digital-forensic** [fərénsik]　デジタル法科学の、デジタルフォレンジックの

□ **expert** [ékspəːrt]　熟達者、専門家

□ **upload** [ʌplóud]　〜をアップロードする

□ **colleague** [káliːg | kɔ́-]　同僚、仕事仲間

□ **convincing** [kənvínsiŋ]　説得力のある、信びょう性のある

声のサンプルをアップロードするだけで、
フェイク音声が簡単に生成できます。

Name
Anderson Cooper

Click to upload a file or drag and drop

Samples 0 / 25

No items uploaded yet. Upload audio samples of the voice you
would like to clone.

CNN 10

AIで生成された声:　私たちが今日、ここカリフォルニア大学バークレー校に来ているのは、デジタルフォレンジックの専門家であるハニー・ファリドさんにお話を伺うためですが、テーマは「他人が言ってもいないことを言ったように見せるのがいかに容易か」です。

🎤 **CNNレポーター:**　私と私の同僚何人かの声をほんの数分ぶん、AI音声サービスにアップロードすることで、本物と信じてしまいそうなにせ物を作り出すことができました。

News 06

語注

U.C. Berkeley:
カリフォルニア大学
バークレー校　▶アメ
リカ西海岸の名門公
立大学。
digital-forensic:
デジタル法科学の、デ
ジタルフォレンジックの
▶電子機器を対象とす
る鑑識や科学捜査。

expert:
熟達者、専門家
easy:
簡単な、容易な
**put words into a
person's mouth:**
人が言いもしないこと
を言ったと言う

upload:
〜をアップロードする
few minutes:
数分、わずかな時間
colleague:
同僚、仕事仲間

create:
〜を作り出す、開発
する
convincing:
説得力のある、信びょ
う性のある

ニュースの本文です。まずは、ナチュラル音声を聞いて内容を推測しましょう。
次に、ゆっくり音声でしっかり内容確認しましょう。

🎤 **CNN REPORTER:** The technology did <u>struggle with</u> my Irish accent, but we decided to put it to the <u>ultimate</u> test with my parents. My parents knew something was off, but ultimately, they still fell for it.

With fake Biden and Trump recordings <u>going viral</u> online, Farid says this could be something to <u>be wary of</u>, going into the 2024 <u>election</u>.

Aired on March 31, 2023

👆 **ワンポイント解説**

□ 1 行目の助動詞 did は、直後の動詞 struggle を強調する働きをしている。

□ 3 行目の knew の後には、名詞節を導く接続詞 that が省略されている。

□ 5 〜 6 行目の With...going viral online は付帯状況を表している。

□ 6 〜 7 行目の to be wary of は something を修飾する to 不定詞で、of の目的語は something。また、最後の going 以下は付帯状況を表す分詞構文になっている。

☑ **重要ボキャブラリー**

□ **struggle with** 〜に苦労する、悪戦苦闘する
[strʌ́gl]

□ **ultimate** 究極の、最高の
[ʌ́ltəmət]

□ **go viral** （ネットや口コミで）拡散する、バズる
[váirəl]

□ **be wary of** 〜を警戒する、〜に注意する
[wéəri]

□ **election** 選挙
[ilékʃən]

CNNレポーターの両親は、
結局、だまされてしまいました。

🎙 **CNN レポーター：** この技術も私のアイルランドなまりにかなり苦労していましたが、それでも私たちは、それを使って私の両親を相手に究極の実験をすることにしました。両親は何かおかしいと気づいていましたが、それでも結局はだまされました。

　バイデンやトランプのフェイク動画がネット上で拡散している状況を受けてファリドさんが言うには、2024年の大統領選挙に突入するにあたり、この技術は注意すべきものかもしれません。

（2023年3月31日放送）（訳：谷岡美佐子）

News 06

語注

struggle with: ～に苦労する、悪戦苦闘する	**put...to:** …に～をさせる、…を用いて～する	**ultimately:** 結局、最終的には	**go viral:** （ネットや口コミで）拡散する、バズる
Irish: アイルランドの	**ultimate:** 究極の、最高の	**still:** それでも、それでもやはり	**online:** インターネット上で
accent: アクセント、なまり	**parents:** 両親	**fall for:** ～にだまされる、ひっかかる	**be wary of:** ～を警戒する、～に注意する
decide to do: ～することに決める	**off:** 間違って、おかしい		**election:** 選挙

アメリカ英語です。まずは、ナチュラル音声を聞いて内容を推測しましょう。
次に、ページをめくって、ゆっくり音声（ポーズ入り）でしっかり内容確認しましょう。

Conservation Efforts in Argentina

⟨Introduction⟩

🎤 **CNN REPORTER:**　In the upper right corner of Argentina, you will find a lush land brimming with life—a park called Ibera, the home to 4000 species of plants and animals. Near the very top of that intricate food chain and vital to keeping it balanced is the majestic jaguar. But until 2021, the biggest cat in South America had not been seen in the wild here for 70 years.

❗ ニュースのミニ知識

南米チリとアルゼンチンで私財を投じて公園を作り、その地域に本来あった生態系を取り戻そうと尽力している人たちがいる。2018年に約40万ヘクタールもの土地をチリ政府に寄贈した非営利団体トンプキンス・コンサベーションのメンバーだ。団体を率いるクリス・トンプキンスさんはアウトドアブランド「パタゴニア」の元CEOで、その亡き夫ダグさんは「ザ・ノース・フェイス」の創設者。彼らは成功を収めた後、ビジネス界を退き南米の自然保護活動に尽力してきた。

☑ **重要ボキャブラリー**

☐ **conservation**　保護、保存
[kὰnsərvéiʃən|kɔ̀n-]

☐ **lush**　青々と茂った、緑豊かな
[lʌ́ʃ]

☐ **intricate**　入り組んだ、複雑な
[íntrikət]

☐ **vital**　不可欠な、極めて重要な
[váitəl]

☐ **majestic**　威厳のある、堂々とした
[mədʒéstik]

ある資産家夫婦の尽力で
アルゼンチンにジャガーが復活！

アルゼンチンに
野生動物を戻す取り組み

〈イントロダクション〉

🎤 **CNN レポーター：** アルゼンチンの右上の隅に、生命に満ちあふれた緑豊かな土地を見つけることができます —— イベラと呼ばれる公園は、4000種の動植物の住みかです。複雑な食物連鎖のまさに頂点近くに君臨し、その均衡を保つのに極めて重要なのが、威風堂々としたジャガーです。しかし 2021 年まで、南米最大のこのネコ科動物が野生で目撃されたことは、ここでは 70 年間ありませんでした。

語注

conservation:
保護、保存
effort:
努力、取り組み
Argentina:
アルゼンチン ▶南米南東部に位置する共和国。
upper:
上部の、上流の
lush:
青々と茂った、緑豊かな

land:
土地、陸地
brim with:
〜で満ちあふれる
home:
（動植物の）生息地、住みか
species:
（生物の）種、種類
plant:
植物、草木

intricate:
入り組んだ、複雑な
food chain:
食物連鎖 ▶食う者と食われる者の関係で結びついた生物間のつながり。
vital:
不可欠な、極めて重要な

balanced:
釣り合いのとれた、安定した
majestic:
威厳のある、堂々とした
jaguar:
ジャガー、アメリカヒョウ ▶アメリカ南西部やアルゼンチン北部などに生息するネコ科の動物。
in the wild:
野生で、野生の状態で

ゆっくり音声の適切な個所にポーズ（無言の間）が入れてあります。区切り聞きしてみましょう。
また、ポーズのところで、直前に聞き取った英語を自分で声に出すシャドーイング練習をしてみましょう。
自信がついたら、ポーズなしのゆっくり音声で、さらにはナチュラル音声でも練習してみてください。

In the upper right corner of Argentina, /

you will find a lush land brimming with life— /

a park called Ibera, /

the home to 4000 species of plants and animals. //

Near the very top of that intricate food chain /

and vital to keeping it balanced /

is the majestic jaguar. //

But until 2021, /

the biggest cat in South America had not been seen /

in the wild here for 70 years. //

☞ **ワンポイント解説**

□ 1行目のupper rightは地図上の「右上」、つまり「北東」のこと。

□ 4行目は、a park called Iberaと同格の句で、補足説明になっている。

□ 5～7行目は倒置法の文になっており、補語が強調されている。通常の語順にすると、The majestic jaguar is near the very top of that intricate food chain and vital to keeping it balance.のようになる。

💬 **Let's Try to Answer!** ［解答例はp.94］

How do you feel about Kris and Doug's efforts?

[Your Answer]

[反訳] 日→英サイトトランスレーション

ポーズのところで区切った日本語訳です。区切り聞きした英語の意味を確認するほか、
日本語を見て区切られた部分ごとに英語に言い換える「反訳」の練習（日→英サイトトランスレーション）
を行えば発信型の英語力がアップします。

アルゼンチンの右上の隅に /

生命に満ちあふれた緑豊かな土地を見つけられる —— /

イベラと呼ばれる公園は /

4000種の動植物の住みかだ。//

その複雑な食物連鎖のまさに頂点の近くで /

そして、その均衡を保つのに極めて重要なのが /

威風堂々としたジャガーだ。//

しかし2021年まで /

南米最大のこのネコ科動物が目撃されたことはなかった /

この地に野生するものとしては、70年間も。//

次ページからはニュースの本文です。まず下の写真でイメージを描いておきましょう。

イベラ国立公園はアルゼンチン北東部にある同国最大の湿地帯です（左）。この地にかつて暮らしていた野生のジャガー
は人間による狩猟と生息地の減少により絶滅状態でした（右）。

ニュースの本文です。まずは、ナチュラル音声を聞いて内容を推測しましょう。
次に、ゆっくり音声でしっかり内容確認しましょう。

🎤 **CNN REPORTER:** Kris and Doug Tompkins made a fortune in adventure <u>gear</u> and fashion, but now hold the legacy of launching what Kris calls a world first <u>breeding</u> program aimed at reintroducing <u>keystone</u> species back into the region.

　Doug's vision involved a <u>rewilding</u> approach to conservation, and he began by buying up millions of acres, turning <u>ranches</u> back into grassland and forest, and then giving it all away with the creation of new national parks.

👉 **ワンポイント解説**

□ 3行目の the legacy に続く of は同格の前置詞で、launching 以下の名詞句 が the legacy の具体的説明になっている。なお、launching の後の what は launching の目的語となる名詞節を導く関係代名詞だが、名詞節の内部では calls の目的語の役割をしている。

□ 8行目の turning ranches... および9行目の and then giving it... は共に分詞構文で、それぞれ and he turned ranches... および and then he gave it... と言い換えられる。

✅ **重要ボキャブラリー**

□ **gear** 道具、装備
[gir | giər]

□ **breeding** 繁殖、飼育
[bríːdiŋ]

□ **keystone** 要（かなめ）、中枢
[kíːstòun]

□ **rewilding** 再野生化、リワイルディング
[ríːwáildiŋ]

□ **ranch** 大牧場、大農場
[rǽntʃ]

CNN 10

壮大な構想を抱いたダグさんですが、
カヤックの事故で亡くなりました。

🎤 **CNN レポーター:** クリスとダグのトンプキンス夫妻はアウトドア用品やウエアで財産を築きましたが、今は次代へ引き継ぐべきものを守っています、すなわち、クリスさんが言うところの「世界初の繁殖計画」を始め、この地域に要となる種を戻すことを目指しているのです。

　ダグさんの構想には自然保護の手法として再野生化が含まれていたのですが、彼はまず初めに数百万エーカーの土地を買い取り、大農場を草原と森に戻してから、複数の新しい国立公園を創設するためにそのすべてを寄贈したのです。

語注

make a fortune: 財産を築く、財を成す	**(be) aimed at:** 〜に照準を定めている、〜を目指している	**rewilding:** 再野生化、リワイルディング	**turn...back into:** …を元の〜に変える、戻す
gear: 道具、装備	**reintroduce:** 〜を再導入する、〜が一度存在しなくなったのを復活させる	**begin by:** 〜から始める、初めに〜する	**ranch:** 大牧場、大農場
legacy: 遺産、受け継がれるもの			**grassland:** 草原、草地
launch: 〜を始める、開始する	**keystone:** 要(かなめ)、中枢	**buy up:** 〜を買収する、買い占める	**give...away:** …を寄贈する、寄付する
breeding: 繁殖、飼育	**vision:** 展望、構想	**acre:** エーカー　▶1エーカーは約4,407平方メートル。	**creation:** 創造、新設

ニュースの本文です。まずは、ナチュラル音声を聞いて内容を推測しましょう。
次に、ゆっくり音声でしっかり内容確認しましょう。

🎤 **CNN REPORTER:** To date, their donated land has inspired the creation or expansion of 15 national parks. And in addition to the jaguar, they've successfully reintroduced 13 other species, like the giant anteater, collared peccary and pampas deer.

KRISTINE TOMPKINS (PRESIDENT & CO-FOUNDER, TOMPKINS): I feel extraordinary pride for what we've done so far, but I'm definitely not satisfied. I'm happy about the past, but I am completely focused on the future.

Aired on May 24, 2023

👉 ワンポイント解説

□ 7行目のwhatは先行詞を含んだ関係代名詞で、forの目的語となる名詞節（whatからso farまで）を導いている。

□ 8行目のdefinitelyや9行目のcompletelyは「程度」を表す副詞で、一般的にはI definitely want to get it.のように動詞の前に置くが、動詞がbe動詞の場合はその後ろに置かれることが多いことに注意。

✅ 重要ボキャブラリー

□ **donate** 〜を寄付する、寄贈する
[dóunèit | dəunéit]

□ **inspire** 〜を誘発する、〜の
[inspáiər] 契機になる

□ **expansion** 拡大、拡張
[ikspǽnʃən | eks-]

□ **in addition to** 〜に加えて、〜のほかに
[ədíʃən]

□ **extraordinary** 並外れた、非常に大きな
[ikstrɔ́ːrdənèri | eks-]

クリスさんは、未来を見据えて
自然保護活動を続けるつもりです。

🎤 **CNN レポーター：** これまでに、彼らが寄贈した土地は15の国立公園の創設や拡張につながりました。そして彼らは、ジャガーだけでなく、一度はいなくなった他の13種も再び生息させることに成功しています。たとえば、オオアリクイやクビワペッカリー、パンパスジカなどです。

クリスティン・トンプキンス (トンプキンス・コンサベーションの社長兼共同設立者)： 私たちが今までやってきたことを非常に誇らしく思っていますが、決して満足してはいません。過去に納得していても、目を向けているのはあくまで未来なのです。

(2023年5月24日放送) (訳：谷岡美佐子)

語注

to date: 現在まで、これまでのところ	**in addition to:** 〜に加えて、〜のほかに	**pampas deer:** パンパスジカ ▶南アメリカの草原に生息する優美なシカ。	**satisfied:** 満足した、満ち足りた
donate: 〜を寄付する、寄贈する	**giant anteater:** オオアリクイ ▶中央アメリカなどに生息するアリクイ科の動物。	**extraordinary:** 並外れた、非常に大きな	**completely:** 完全に、まったく
inspire: 〜を誘発する、〜の契機になる	**collared peccary:** クビワペッカリー ▶アメリカ南西部などに生息するイノシシに似た動物。	**so far:** これまで、今までのところ	**(be) focused on:** 〜に焦点を当てている、集中している
expansion: 拡大、拡張			

News 07

[アメリカ英語] 63

イギリス英語です。まずは、ナチュラル音声を聞いて内容を推測しましょう。
次に、ページをめくって、ゆっくり音声（ポーズ入り）でしっかり内容確認しましょう。

Where Are the Flying Cars?

〈Introduction〉

JEREMY WHITE (TECH WRITER AND CONSULTANT): eVTOL stands for Electric Vertical Takeoff and Landing. It is a vehicle, electrically powered, that can lift off the ground vertically, then go forwards to a certain destination, and then land vertically as well.

And there are a number of companies at advanced stages of creating these vehicles, but we're somewhere away yet.

❗ ニュースのミニ知識

1962年に放送を開始した米国のテレビアニメ「宇宙家族ジェットソン」には、2062年を舞台に「空飛ぶ車」に乗る未来の家族が登場する。物語の設定まで40年を切った現在、eVTOL（電動垂直離着陸機）という電気自動車とドローンの技術を融合した次世代の移動手段が注目を集めている。各国で研究開発が進められるが、インフラや法の整備、安全性の問題など課題も多い。まずは既存のヘリポートを利用したタクシーのサービスが最も実現性が高いというのが専門家の意見だ。

☑ 重要ボキャブラリー

- ☐ **vertical** 垂直の、縦方向の
  [vəːrtikəl]
- ☐ **takeoff and landing** 離着陸、発着
  [téikɔ̀f]
- ☐ **vehicle** 乗り物、車
  [víːəkl]
- ☐ **electrically powered** 電動の、電気で
  [iléktrikəli] 動く
- ☐ **destination** 目的地、行き先
  [dèstənéiʃən]

大阪万博でもそうですが、
「空飛ぶ車」の実用化は難航しています。

「空飛ぶ車」の実用化、
いまだ道半ば

〈イントロダクション〉

ジェレミー・ホワイト (テックライター兼コンサルタント)： eVTOL（イーブイトール）は、電動垂直離着陸機の略称です。それは電気で動く乗り物で、地面から垂直に離陸した後、特定の目的地まで進むと、また垂直に着陸することができるのです。

　そして、多くの企業がこうした乗り物の開発で高度な段階にきてはいるのですが、まだ道のりは遠い状況です。

語注

stand for: 〜の略語である、〜を意味する	**electrically powered:** 電動の、電気で動く	**destination:** 目的地、行き先	**stage:** 段階、局面
vertical: 垂直の、縦方向の	**lift off:** 離陸する	**land:** 着陸する、着地する	**create:** 〜を作り出す、開発する
takeoff and landing: 離着陸、発着	**vertically:** 垂直に、縦方向に	**as well:** 同じに、同様に	**somewhere:** どこかに、どこかで
vehicle: 乗り物、車	**forwards:** 前方に、前へ	**a number of:** いくらかの、多くの	**away:** 離れて、遠くに
	certain: 一定の、ある程度の	**advanced:** 進歩した、高度な	

News 08

ゆっくり音声の適切な個所にポーズ（無言の間）が入れてあります。区切り聞きしてみましょう。
また、ポーズのところで、直前に聞き取った英語を自分で声に出すシャドーイング練習をしてみましょう。
自信がついたら、ポーズなしのゆっくり音声で、さらにはナチュラル音声でも練習してみてください。

eVTOL stands for Electric Vertical Takeoff and Landing. //
It is a vehicle, electrically powered, /
that can lift off the ground vertically, /
then go forwards to a certain destination, /
and then land vertically as well. //
And there are a number of companies /
at advanced stages of creating these vehicles, /
but we're somewhere away yet. //

👉 **ワンポイント解説**

□ 1行目のeVTOLは「物」としての電動垂直離着陸機ではなく、そういう「名称」そのものを指しているので、冠詞が付いていない。「物」の場合は冠詞が付いて、an eVTOLやthe eVTOLなどとなる。

□ 4行目のthatは主格の関係代名詞で、先行詞は前行のa vehicle。間にあるelectrically poweredはa vehicleを補足説明する挿入句になっている。

💬 **Let's Try to Answer!** ［解答例はp.95］

Are you for or against flying cars? Why?

[Your Answer]

ポーズのところで区切った日本語訳です。区切り聞きした英語の意味を確認するほか、
日本語を見て区切られた部分ごとに英語に言い換える「反訳」の練習（日→英サイトトランスレーション）
を行えば発信型の英語力がアップします。

---

eVTOL（イーブイトール）は電動垂直離着陸機の略称だ。//

それは電気で動く乗り物だ /

それは地面から垂直に離陸することができる /

それから特定の目的地まで前進する /

その後、同じように垂直に着陸することができる。//

そして、多くの企業がある /

こういう乗り物の開発の高度な段階に /

しかし、私たちがいるのは、まだ遠いどこかだ。//

次ページからはニュースの本文です。まず下の写真でイメージを描いておきましょう。

米国で 1962 年から始まったテレビアニメ「宇宙家族ジェットソン」には空飛ぶ車が登場しています（左）。今のところ、
eVTOL の大半では人間による操縦が想定されています（右）。

WHITE: There are a number of ways that these eVTOLs could be <u>piloted</u>. Most of the ways at the moment seem to be <u>focusing on</u> having an actual pilot, a human, <u>at the helm</u>. So, they have to be <u>certified</u>. They have to be made <u>legal</u>. And this is what's holding these vehicles back.

☛ ワンポイント解説

□ 1行目のthatはwaysを先行詞とする関係副詞で、ways in whicnなどと言い換えることができる。また、そのthatで導かれる節は受動態になっており、pilotする主体が表現されていないが、eVTOLには操縦する人間が乗っていないこともありえるためだと考えられる。

□ 最終行のwhatは先行詞を含んだ関係代名詞で、the thing whichなどに置き換えるることができ、名詞節を導く役割をしている。

☑ 重要ボキャブラリー

□ **pilot** [páilət] ①〜を操縦する ②操縦士、パイロット

□ **focus on** [fóukəs] 〜に焦点を合わせる、重点を置く

□ **at the helm** [hélm] かじをとって、指揮を執って

□ **certified** [sə́:rtifàid] 認定された、有資格の

□ **legal** [lí:gəl] 合法の、法的に認められた

交通が渋滞しやすい場所では
すでにヘリコプターなどが利用されています。

ホワイト： こういうeVTOLを操縦する方法としては、いろいろなものがありえます。現時点における大半の方法は、実際のパイロット、すなわち人間にかじを取らせることに重点を置いているように見えます。そのため、そうした方法は認定を受けなければなりません。法的に認められる必要があるのです。そして、それこそが、こういう乗り物の発展を阻んでいるものなのです。

語注

a number of:
多くの、たくさんの
pilot:
①〜を操縦する
②操縦士、パイロット
at the moment:
今のところ、現時点では

seem to be:
〜であるように見える、
思える
focus on:
〜に焦点を合わせる、
重点を置く
actual:
実際の、現実の

human:
人、人間
at the helm:
かじを取って、指揮を
執って
certified:
認定された、有資格の

legal:
合法の、法的に認められた
hold...back:
…の進歩を阻む、発展
を阻む
vehicle:
乗り物、車

News 08

ニュースの本文です。まずは、ナチュラル音声を聞いて内容を推測しましょう。
次に、ゆっくり音声でしっかり内容確認しましょう。

WHITE: It's an interesting question, talking about how eVTOLs will fit into the cityscape, because cities are already very crowded, and so where will you use them?

So, there you've got some pinch points too, because those infrastructure points are already being used by helicopters and other aircraft. And so you've got to actually fit in with those. You've got to fit in with their flight plans, and also then you've got to work out how to charge them. And no one's got to that point yet.

Aired on March 8, 2023

👉 ワンポイント解説

☐ 1〜2行目のtalking about...the cityscape は冒頭のItの内容の説明になっている。
☐ 5行目のyou've gotはyou haveの口語的な表現で、there is/areのような意味で使われることがある。
☐ 7〜8行目の2つのyou've got toは、共にyou have toの口語的な表現。
☐ 10行目のno one's got toはno one has got toの省略形だが、このhas got toはhas toの口語というわけではなく、get toの現在完了形。

☑ 重要ボキャブラリー

☐ **cityscape** 　都市の景観、風景
　[sítiskeip]
☐ **crowded** 　混雑した、混み合った
　[kráudid]
☐ **pinch point** 　渋滞しやすい場所、地点
　[píntʃ]
☐ **infrastructure** 社会基盤、インフラ
　[ínfrəstrʌktʃər]
☐ **aircraft** 　航空機
　[éərkræft]

空飛ぶ車は電気を動力とするため、
充電設備も必要です。

ホワイト： 興味深い問題ですね、eVTOLが都市の景観にどの程度合うかという議論は。だって、都市はすでに非常に混み合っているのですから、どこでそれを利用することになるのでしょう？

　つまり、都市には渋滞しやすい場所もいくつかありますが、インフラのそういう場所ではすでにヘリコプターなどの航空機が利用されているからです。ですから、実際のところ、そういう場所にうまく適合する必要があるのです。そういう場所の飛行計画にうまく組み込む必要がありますし、どうやってeVTOLを充電するかという問題も解決しなければなりません。そして、その段階にはまだだれも到達していないのです。

（2023年3月8日放送）（訳：谷岡美佐子）

語注

interesting: 興味深い、面白い	**pinch point:** 渋滞しやすい場所、地点	**actually:** 実は、実のところ	**work out:** ～に取り組む、～を解決しようとする
fit into: ～にうまく合う、適合する	**infrastructure:** 社会基盤、インフラ	**fit in with:** ～に適合する、～にうまく溶け込む	**charge:** ～を充電する、チャージする
cityscape: 都市の景観、風景	**helicopter:** ヘリコプター	**flight plan:** 飛行計画、フライトプラン	**get to:** ～に達する、到達する
crowded: 混雑した、混み合った	**aircraft:** 航空機		

News 08

イギリス英語です。まずは、ナチュラル音声を聞いて内容を推測しましょう。
次に、ページをめくって、ゆっくり音声 (ポーズ入り) でしっかり内容確認しましょう。

A New King Is Official

⟨Introduction⟩

🎤 **CNN REPORTER:** A day of destiny, the patient Prince crowned at last. Charles III, King of the United Kingdom and Commonwealth realms. London stood still as well-wishers lined the streets, huddled in the rain to join the celebration of British monarchy.

❗ ニュースのミニ知識

2023 年 5 月 6 日にロンドンのウェストミンスター寺院で、英国王チャールズ 3 世の戴冠式が行われた。2023 年は母親であるエリザベス女王の戴冠式から 70 年となり、74 歳の新国王を祝福するために世界各国から指導者や著名人ら約 2200 人が集まった。4000 人もの群衆が国王夫妻の戴冠を祝ってバッキンガム宮殿に押し寄せる一方で、厳戒態勢のロンドン中心部では王室制度に反対する抗議デモが開かれ、デモ参加者 50 人以上が逮捕されるという一幕もあった。

☑ 重要ボキャブラリー

☐ **destiny**　　　　　運命、宿命
[déstəni]

☐ **patient**　　　　　我慢強い、忍耐
[péiʃənt]　　　　　強い

☐ **Commonwealth realm** 英連邦王国
[kámənwèlθ rélm]

☐ **huddle**　　　　　身を寄せ合う、
[hʌdl]　　　　　　群がる

☐ **monarchy**　　　　君主制、君主国
[mánərki | mónəki]

長い皇太子時代を経て即位したチャールズ3世が、
ハレの戴冠式に臨みました。

英国王チャールズ3世の戴冠式

〈イントロダクション〉

🎤 **CNN レポーター:** 運命の日、忍耐を続けてきた王子が、ようやく王冠を授かりました。チャールズ3世、イギリスおよび英連邦王国の王です。ロンドンが静まり返っていたのは、祝福する人たちが通りに並び、雨の中で身を寄せ合っていたからで、彼らは英国君主制の祝典に参加しようとしていたのです。

語注

official:
公式の、正式な

destiny:
運命、宿命

patient:
我慢強い、忍耐強い

crown:
〜を王位につかせる、即位させる

at last:
ついに、ようやく

Charles III:
チャールズ3世 ▶英国の女王エリザベス2世とエディンバラ公フィリップの間の第一子。女王の死去に伴い、2022年9月8日に即位した。

United Kingdom:
英国、イギリス

Commonwealth realm:
英連邦王国 ▶56カ国が加盟する英連邦のうち、英国王を君主とする15カ国。

stand still:
じっとしている、静止する

well-wisher:
他人の幸福を祈る人、支持者

line:
〜に沿って並ぶ、列を作る

huddle:
身を寄せ合う、群がる

celebration:
祝典、祝賀

British:
イギリスの、英国の

monarchy:
君主制、君主国

ゆっくり音声の適切な個所にポーズ（無言の間）が入れてあります。区切り聞きしてみましょう。
また、ポーズのところで、直前に聞き取った英語を自分で声に出すシャドーイング練習をしてみましょう。
自信がついたら、ポーズなしのゆっくり音声で、さらにはナチュラル音声でも練習してみてください。

A day of destiny, /

the patient Prince crowned at last. //

Charles III, king of the United Kingdom and

Commonwealth realms. //

London stood still /

as well-wishers lined the streets, /

huddled in the rain /

to join the celebration of British monarchy. //

👉 ワンポイント解説

□2行目のcrownedは自動詞の過去形にも見えるが、自動詞としてのcrownは「（出産のとき）胎児の頭が出てくる」というような特殊な意味にしか使われないので、他動詞の過去分詞と見なせる。Prince who were crownedのように補って考えるとよい。

□6行目のasは時を表す接続詞で、ここではwhileに近い意味と考えられるが、日本語にする場合は理由を表す接続詞のように訳しても不自然にならない。

💬 Let's Try to Answer! ［解答例はp.96］

Are you for or against monarchy?

[Your Answer]

ポーズのところで区切った日本語訳です。区切り聞きした英語の意味を確認するほか、
日本語を見て区切られた部分ごとに英語に言い換える「反訳」の練習（日→英サイトトランスレーション）
を行えば発信型の英語力がアップします。

運命の日だ /

忍耐強い王子がようやく王冠を授かった。//

チャールズ３世、イギリスおよび英連邦王国の王だ。//

ロンドンは静まり返っていた /

そのとき、祝福する人たちが通りに並び /

雨の中で身を寄せ合っていたのだ /

英国君主制の祝典に参加するために。//

次ページからはニュースの本文です。まず下の写真でイメージを描いておきましょう。

1953年に今は亡きエリザベス女王の戴冠式が行われたのも、今回と同じ寺院でした（左）。「聖エドワード王冠」はルビー
やサファイアなどの宝石で彩られ、重さは２キロ以上です（右）。

ニュースの本文です。まずは、ナチュラル音声を聞いて内容を推測しましょう。
次に、ゆっくり音声でしっかり内容確認しましょう。

🎤 **CNN REPORTER:** Leaders, <u>dignitaries</u>, family members and <u>celebrities</u>—more than 2000 gathered in Westminster Abbey for this once in a generation event. The deeply <u>religious</u> <u>ceremony</u> moved through several stages. First, the <u>recognition</u>. Charles faced the four points of a compass symbolically presenting himself to the people.

👉 **ワンポイント解説**

□ 2行目の more than 2000 は、その前の Leaders, dignitaries, family members and celebrities の数を指す。

□ 5行目の recognition は「認識、認知」が字義だが、ここでは新しい国王をみんなに「見知ってもらうこと」を指す。

□ 6～7行目の symbolically presenting... は付帯状況を表す分詞構文。

✅ **重要ボキャブラリー**

□ **dignitary**　高官、要人
[dígnətèri]

□ **celebrity**　有名人、名士
[səlébrəti]

□ **religious**　宗教の、宗教的な
[rilídʒəs]

□ **ceremony**　儀式、式典
[sérəmòuni]

□ **recognition**　認識、認知
[rèkəgníʃən]

伝統的宗教儀式の側面を残しつつ、
ゴスペル聖歌隊などの新たな試みも。

🎤 **CNN レポーター：** 指導者や高官、親族や名士たち —— そうした人たち 2000 人以上がウェストミンスター寺院に集まったのは、この一世代に一度の行事のためです。この極めて宗教的な式典は、いくつかの段階を追って進められました。まずは、お披露目です。チャールズ国王は羅針盤が示す 4 つの方向に向き、自らを象徴的に人々に披露しました。

語注

leader: 指導者、リーダー	**Westminster Abbey:** ウェストミンスター寺院 ▶ロンドンにある英国国教会の教会。戴冠式などの王室行事が執り行われる。	**religious:** 宗教の、宗教的な	**face:** 〜の方向に向く
dignitary: 高官、要人		**ceremony:** 儀式、式典	**point:** 箇所、地点
celebrity: 有名人、名士		**move through:** 〜を通過する、通り抜ける	**compass:** 羅針盤、磁石
gather: 集まる、集合する		**stage:** 段階、局面	**symbolically:** 象徴的に、象徴として
	generation: 世代	**recognition:** 認識、認知	**present:** 〜を紹介する、披露する
	deeply: 深く、非常に		

News 09

ニュースの本文です。まずは、ナチュラル音声を聞いて内容を推測しましょう。
次に、ゆっくり音声でしっかり内容確認しましょう。

CNN REPORTER: Breaking from tradition, Charles read a <u>prayer</u> aloud.

KING CHARLES III: We may discover the ways of gentleness and be led into the paths of peace.

CNN REPORTER: Another first, a gospel <u>choir</u>. Before the <u>oath</u>, Charles <u>acknowledged</u> the role of the Church of England to <u>foster</u> an environment in which people of all faiths and beliefs may live freely.

Aired on May 8, 2023

ワンポイント解説

□ 1〜2行目は分詞構文で、Charles broke from tradition and he read...などと書き換えることができる。
□ 5行目はAnother first <u>was</u> a gospel choir.のように述語を補うと分かりやすい。
□ 7〜8行目の in which の which は an environmentを先行詞とする関係代名詞だが、an environment whereのように関係副詞を用いて言い換えることもできる。

重要ボキャブラリー

□ **prayer** 祈り、祈りの言葉
[préər]
□ **choir** 聖歌隊、合唱団
[kwáiər]
□ **oath** 誓い、宣誓
[óuθ]
□ **acknowledge** 〜を認める、承認する
[æknɑ́lidʒ | əknɔ́-]
□ **foster** 〜を育てる、育成する
[fɑ́stər | fɔ́stə]

祝福する人たちばかりではなく、
抗議する王室反対派の姿もありました。

🎤 **CNNレポーター：** チャールズ国王は、慣例にとらわれずに、祈りの言葉を読み上げました。

チャールズ3世： 私たちは寛大な振る舞いを知り、平安な道に導かれるだろう。

🎤 **CNNレポーター：** もうひとつ初めてだったのが、ゴスペルの聖歌隊です。宣誓に先立ち、チャールズ国王は英国国教会の役割を承認しましたが、それはあらゆる信仰や信条の人々が自由に暮らせる環境作りを促進するものです。

（2023年5月8日放送）（訳：谷岡美佐子）

語注

break from: 〜から逃れる、脱する	**gentleness:** 優しさ、寛大さ	**oath:** 誓い、宣誓	**foster:** 〜を育てる、育成する
tradition: 伝統、慣例	**path:** 道、道筋	**acknowledge:** 〜を認める、承認する	**environment:** 環境、周囲の状況
read...aloud: …を読み上げる、声に出して読む	**gospel:** ゴスペル ▶黒人霊歌にブルースやジャズなどの要素を加えたアメリカのキリスト教音楽。	**role:** 役割、任務	**faith:** 信仰、信条
prayer: 祈り、祈りの言葉		**Church of England:** 英国国教会 ▶1534年にローマカトリック教会から独立したイギリス独自の教会。	**belief:** 信念、信仰
ways: 行い、振る舞い	**choir:** 聖歌隊、合唱団		**freely:** 自由に、意のままに

News 09

アメリカ英語です。まずは、ナチュラル音声を聞いて内容を推測しましょう。
次に、ページをめくって、ゆっくり音声（ポーズ入り）でしっかり内容確認しましょう。

Plans to Reincarnate the Mammoth

〈Introduction〉

🎤 **CNN REPORTER:** George Church is one of many, using a revolutionary gene-editing technique called CRISPR-Cas9, which allows you to modify DNA sequences.

GEORGE CHURCH (GENETICS PROFESSOR, HARVARD MEDICAL SCHOOL)**:** What's most exciting about CRISPR is our ability to alter long-standing epidemics like malaria and HIV.

❗ ニュースのミニ知識

早ければ数年後、絶滅した太古の生き物が地球上で見られるかもしれない。米国のスタートアップ企業コロッサル・バイオサイエンス社は、ゲノム編集技術でマンモスをよみがえらせる研究を行っている。クリスパー・キャス・ナインという遺伝子改変技術は、絶滅種の復活のみならず、伝染病対策などにも利用が期待されている。ただし、2018年に中国でゲノム編集を使って誕生した「デザイナーベイビー」など、遺伝子操作の倫理上の是非をめぐる異論や批判も依然多い。

☑ 重要ボキャブラリー

□ **reincarnate** 　〜を生まれ変わらせる、
[rìːinkάːrneit] 　転生させる

□ **gene-editing** 遺伝子編集の、ゲノム編集の
[dʒíːn editiŋ]

□ **modify** 　〜を部分的に変更する、
[mάdəfài | mɔ́-] 　改変する

□ **sequence** 配列、順序
[síːkwəns]

□ **epidemic** 　流行病、伝染病
[èpidémik]

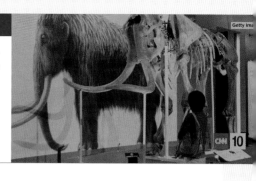

ゲノム編集技術の進歩により、
マンモスがよみがえるかもしれません。

ゲノム編集で
マンモスが復活する!?

〈イントロダクション〉

🎤 **CNNレポーター：** ジョージ・チャーチさんをはじめとした大勢の人がクリスパー・キャス・ナインという画期的な遺伝子編集技術を使っていますが、それはDNA配列の改変を可能にするものです。

ジョージ・チャーチ (ハーバード大学医学部遺伝学教授)： クリスパーの何が最も感動的かって、私たちが手にする力で、マラリアやエイズウイルスのような長年にわたる伝染病を変えられることです。

語注

reincarnate:
～を生まれ変わらせる、転生させる
(woolly) mammoth:
マンモス ▶俗にwoolly elephantともいう。
revolutionary:
画期的な、革命的な
gene-editing:
遺伝子編集の、ゲノム編集の

CRISPR-Cas9:
クリスパー・キャス・ナイン
▶DNAの二本鎖切断を原理とする遺伝子改変ツール。
allow:
～を可能にする、許す
modify:
～を部分的に変更する、改変する

sequence:
配列、順序
ability to *do*:
～する能力、技量
alter:
～を部分的に変える、変更する
long-standing:
長く続いている、長年にわたる

epidemic:
流行病、伝染病
malaria:
マラリア ▶マラリア原虫を持つ蚊に刺されることで生じる感染症。
HIV:
= human immunodeficiency virus ヒト免疫不全ウイルス、エイズウイルス

News 10

ゆっくり音声の適切な個所にポーズ（無言の間）が入れてあります。区切り聞きしてみましょう。
また、ポーズのところで、直前に聞き取った英語を自分で声に出すシャドーイング練習をしてみましょう。
自信がついたら、ポーズなしのゆっくり音声で、さらにはナチュラル音声でも練習してみてください。

George Church is one of many, /

using a revolutionary gene-editing technique called

CRISPR-Cas9, /

which allows you to modify DNA sequences. //

What's most exciting about CRISPR /

is our ability to alter long-standing epidemics /

like malaria and HIV. //

☞ ワンポイント解説

□ 2～3行目は分詞構文で、and they use a revolutionary... などと書き換えられる。
□ 4 行目の which は CRISPR-Cas9 を先行詞とする関係代名詞で、主格を表す。また、allows の目的語になっている you は「一般的な人々」を指す。
□ 5行目の What は先行詞を含む関係代名詞で、What を主語とする5行目の文全体が、名詞節として6行目以下の主語となっている。

💬 Let's Try to Answer!　[解答例は p.97]

Are you for or against reincarnating the mammoth? Why?

[Your Answer]

ポーズのところで区切った日本語訳です。区切り聞きした英語の意味を確認するほか、
日本語を見て区切られた部分ごとに英語に言い換える「反訳」の練習（日→英サイトトランスレーション）
を行えば発信型の英語力がアップします。

ジョージ・チャーチさんは大勢のうちのひとりだ /

そしてクリスパー・キャス・ナインという画期的な遺伝子編集技術

を使っている /

それはDNA配列の改変を可能にする。//

クリスパーの何が最も感動的かというと /

私たちが長年にわたる伝染病を変える力を持てることだ /

マラリアやエイズウイルスのような。//

次ページからはニュースの本文です。まず下の写真でイメージを描いておきましょう。

DNAを部分的に切断して改変するクリスパー・キャス・ナインは、遺伝子のハサミと呼ばれます（左）。チャーチさんは、
「20歳に見える150歳がマンモスに乗っている」というような未来もあると言います（右）。

ニュースの本文です。まずは、ナチュラル音声を聞いて内容を推測しましょう。
次に、ゆっくり音声でしっかり内容確認しましょう。

🎤 **CNN REPORTER:** And that could <u>potentially</u> save millions of lives. It turns out that you can make pretty big things by <u>tweaking</u> small <u>strands</u> of DNA. By making changes to the DNA of the <u>Asian elephant</u>, <u>researchers</u> in Church's lab are working to bring the woolly mammoth back to life.

👉 **ワンポイント解説**

□ 1行目のpotentiallyは「潜在的に、もしかすると」という意味の副詞だが、この文のように助動詞couldと一緒に用いられることも多い。この場合のcouldは、過去の可能性を示すのではなく、「〜ということがありえるかもしれない」という仮定法的な使い方がされており、potentiallyのニュアンスを強めている。
□ 2行目のItは仮主語で、that以下がturns outの意味上の主語。

☑ **重要ボキャブラリー**

□ **potentially**　潜在的に、もしかすると
[pəténʃəli]
□ **tweak**　〜をつまんで動かす、微調整する
[twíːk]
□ **strand**　よった糸状のもの、らせん構造
[strǽnd]
□ **Asian elephant**　アジアゾウ、インドゾウ
[éiʒən éləfənt]
□ **researcher**　研究者、調査員
[risə́ːrtʃər]

ゲノム編集技術の利用などにおいては
倫理的な問題も考える必要があります。

🎤 **CNNレポーター：** そして、もしかするとそれが何百万もの命を救うことになるかもしれません。かなり大きいものも作れることが分かったのですが、DNAの小さならせん構造を微調整する手法が用いられます。アジアゾウのDNAに改変を加えることで、チャーチさんの研究所の研究者たちは、マンモスをよみがえらせる取り組みを行っているのです。

語注

potentially: 潜在的に、もしかすると	**it turns out that:** 結局〜であると分かる、〜であることが判明する	**strand:** よった糸状のもの、らせん構造	**lab:** =laboratory 研究所、ラボ
save: 〜を救う、助ける	**pretty:** かなり、すごく	**make a change:** 変更を加える	**work:** 取り組む、研究する
millions of: 何百万もの、非常に多くの	**tweak:** 〜をつまんで動かす、微調整する	**Asian elephant:** アジアゾウ、インドゾウ	**bring...back to life:** …を生き返らせる
life: 命、生命		**researcher:** 研究者、調査員	

News 10

ニュースの本文です。まずは、ナチュラル音声を聞いて内容を推測しましょう。
次に、ゆっくり音声でしっかり内容確認しましょう。

GEORGE CHURCH: The difference between a woolly mammoth and Asian elephant is <u>actually</u> quite <u>subtle</u> at the DNA level.

🎤 **CNN REPORTER:** But CRISPR is not without <u>controversy</u>. If you can make a mammoth, <u>consider</u> what you can do with a <u>person's</u> DNA?

Aired on March 7, 2023

👉 ワンポイント解説

☐ 1～3行目の文はThe difference...Asian elephant 全体が主語になっている。

☐ 4～5行目のis not without controversyは「論争を伴わないわけではない」が字義だが、「論争の対象にならないわけではない」ということ。

☐ 6行目のwhatは間接疑問文を導く疑問詞で、what節全体がconsiderの目的語になっている。なお、consider以下は命令文になっている。

✅ 重要ボキャブラリー

☐ **actually** 実は、実のところ
[ǽktʃuəli]

☐ **subtle** 微妙な、繊細な
[sʌ́tl]

☐ **controversy** 論争、議論
[kάntrəvə́ːrsi | kɔ́n-]

☐ **consider** ～をよく考える、熟考する
[kənsídər]

☐ **person** (個人としての) 人、人間
[pə́ːrsən]

クリスパー・キャス・ナインにより、
多くの命が救われる可能性もあります。

ジョージ・チャーチ： マンモスとアジアゾウとの違いは、実のところ、DNAレベルではほんのわずかしかありません。

CNNレポーター： しかし、クリスパーについて議論がないわけではありません。もしもマンモスを作れるのだとしたら、人間のDNAで何ができるか、よく考えてみてください。

(2023年3月7日放送)(訳：谷岡美佐子)

語注

difference: 違い、相違点	**subtle:** 微妙な、繊細な	**controversy:** 論争、議論	**person:** （個人としての）人、人間
actually: 実は、実のところ	**level:** 水準、レベル	**consider:** 〜をよく考える、熟考する	
quite: かなり、相当	**not without:** 〜がないわけではない、かなり〜がある		

News 10

News 01　Harry Potter's Magic Is Coming to Tokyo

Would you like to visit the studio?
（このスタジオを訪れてみたいですか）

> キーワード　**although**（～ではあるが）　**hear of**（～について聞く）　**therefore**（そのために、その結果）　**be familiar with**（～をよく知っている、詳しい）

🖓 Although I have heard of Harry Potter, I have never read any of the Harry Potter books or seen any of the movies. Therefore I'm not interested in going to the Harry Potter studio. I imagine it is only interesting for people who are familiar with the story and characters.

（ハリー・ポッターについて聞いたことはありますが、ハリー・ポッターの本は一冊も読んだことがなく、映画も観たことがありません。だから、ハリー・ポッターのスタジオに行くことに興味はありません。それは、この物語やキャラクターに詳しい人にとってのみ面白いのだろうと思います）

> キーワード　**prop**（小道具、撮影備品）　**close up**（近寄る、迫る）　**far from**（～から遠くに）　**right now**（今すぐに、現時点では）

🖒 I'm a big Harry Potter fan so I'd love to visit the studio. I really want to see the sets and props from the movies close up. Everything looks so interesting. However, I live far from Tokyo, and I don't have the money for a ticket right now, so visiting the studio is just a dream for me. Still, I hope my dream comes true one day.

（私は大のハリー・ポッターファンなのでスタジオを訪れたいと思っています。映画のセットや小道具を間近で見てみたいです。すべてがとても面白そうです。でも、私は東京から遠くに住んでいて、今はチケットを買うお金がないので、スタジオを訪れることは私にとって夢のまた夢です。それでも、いつか夢がかなうことを願っています）

News 02　ChatGPT and AI Risks

Would you like to use ChatGPT?

（チャットGPTを使ってみたいですか）

> **キーワード**　come out（世に出る、現れる）　in the end（最終的には、結局）
> useful（役立つ、便利な）　gathering（集めること、収集）

👍 I am already using it! When ChatGPT first came out, I tried using it to help me write an essay. The text it wrote was pretty good. But in the end, I wrote something different because the essay didn't feel like it was my own work. I do find it is useful for information gathering though.

（すでに使っています！　チャットGPTが初めて登場したとき、エッセーを書くのに役立つか試してみました。書いてもらった文章はかなり良かったです。でも、そのエッセーは自分の作品という感じがしなかったので、最終的には違うものを書きました。ただ、情報収集には役立つとすごく思います）

> **キーワード**　avoid（〜を避ける）　so far（今までのところ）
> in order to *do*（〜するために）　intend to *do*（〜するつもり）

👎 I have avoided using ChatGPT so far. The main reason is that I am concerned about data security. In order to customize the user's experience, AI tools like Chat GPT need to gather our data. But who has access to this data? What will it be used for? Until I have the answers to these questions, I intend to avoid AI tools.

（これまでチャットGPTの使用を避けてきました。その主な理由は、データの安全性が心配だからです。ユーザーの体験をカスタマイズするために、チャットGPTのようなAIツールは私たちのデータを集める必要があります。しかし、だれがこのデータにアクセスできるのか。何に使われるのか。これらの疑問に対する答えが得られるまでは、AIツールの使用を避けるつもりです）

News 03 India to Become the Most Populous Country

Do you think Japan should take action to boost the nation's birth rate?
（日本は出生率を上げるための対策を取るべきだと思いますか）

> キーワード **tackle**（～に取り組む） **inequality**（不平等、不公平）
> **insecurity**（不安定、危険な状態） **child rearing**（育児）

👍 Yes. Japan will face an economic crisis unless we do so. I think the first thing we should do is to tackle the reasons for the low birth rate. These include gender inequality and financial insecurity. Unless the government encourages men to take more of a role in child rearing, and provides more practical and financial support for families, nothing is likely to change.

（はい。そうしなければ日本は経済危機に直面するでしょう。まずすべきことは、低い出生率の原因を解決することだと思います。これには、ジェンダー不平等や経済的不安感が含まれます。政府が男性にもっと育児に参加するよう促し、家族に対してより実質的かつ経済的な支援を提供しない限り、何も変わらないでしょう）

> キーワード **necessarily**（必ずしも～でない） **initiative**（新たな取り組み、構想）
> **investment**（投資） **productivity**（生産性、生産力）

🤚 Not necessarily. Even without a higher birth rate there are other ways to ensure Japan's continued economic success. One idea is to offer initiatives to encourage more women into the workforce. Another is to invite more workers from overseas. We can also increase investment in different technologies that increase productivity in the workplace and help people in their daily lives.

（必ずしもそうではありません。出生率を上げなくても、日本が経済的に成功し続けるための方法は他にもあります。ひとつは、より多くの女性の就労を促進するための施策を提供することが考えられます。もうひとつは、海外からより多くの労働者を招くことです。また、職場の生産性を向上させ、人々の日常生活を助ける様々な技術への投資を増やすこともできます）

News 04 Enjoy 3D-Printed Cheesecake!

Would you like to try 3D-printed food?
(3Dプリンターで作られた食べ物を試してみたいですか)

キーワード **as long as**（～である限りは、～さえすれば）**properly**（適切に）
obviously（明らかに）**depend on**（～によって決まる、次第だ）

🖐 Why not? As long as the printers are cleaned properly, I can't see any safety problems with 3D food. I obviously would want to know what is in the food I'm eating, but I can't see any reason not to try it at least once. Whether I would want to eat it again after that would depend on the taste, I guess.

（試すに決まっています。プリンターが適切に清掃されている限り、3Dプリンターで作られた食べ物に安全性の問題があるとは思えません。自分が食べているものに何が含まれているのか知りたいのは当然ですが、一度も試さない理由はありません。その後、また食べたいと思うかどうかは、味次第だと思います）

キーワード **plant-based**（植物由来の）**alternative**（選択肢、代替案）
natural resource（天然資源）**thus**（それゆえ、だから）

✊ It depends on the food. I read that many companies these days are now developing delicious plant-based meat products using this technology. This is good news for the planet as these meat alternatives require fewer natural resources and are thus better for the planet. I would definitely like to try plant-based 3D-printed meat.

（食べ物によります。最近は多くの企業がこの技術を使って美味しい植物性肉の製品を開発している、というのを読みました。こういう代替肉は天然資源をあまり必要としませんから地球にとってより良いので、これは地球にとって良いニュースです。植物由来の3Dプリント肉はぜひ試してみたいです）

Why Do Cats Love Boxes?

Are you a cat person or a dog person?

（あなたは猫派ですか、それとも犬派ですか）

> **キーワード** **adopt**（～を養子にする） **loyal**（忠実な、忠誠心のある）
> **unconditionally**（無条件に） **fit**（健康である）

👍 I'm a dog person. A few years ago, my family adopted a dog from a shelter. His name is Mocha. He is friendly, loyal and loves us unconditionally. We all agree that we smile a lot more since we got him. He also keeps me fit as I have to take him for walks several times a day.

（私は犬派です。数年前、家族でシェルターから犬を引き取りました。名前はモカです。彼はとても人なつこくて忠実で、無条件に私たちを愛してくれるんです。モカを迎えてから、私たちの笑顔が増えたと口をそろえて話しています。また、一日に何度も散歩に連れて行かなければならないので、私の健康も保たれています）

> **キーワード** **absolutely**（完全に、絶対に） **affectionate**（愛情のこもった、優しい）
> **independent**（自立した、独立した） **groom**（身なりを整える）

👍 I am a cat person. I absolutely love cats. They are beautiful and affectionate, but also very smart and independent. Cats are also perfect companion animals because they are very low maintenance. For example, they groom themselves and they don't need to be taken on walks.

（猫派です。猫が本当に大好きなんです。猫は美しくて愛情深いけれど、とても賢くて自立してもいます。また、猫は手がかからないので、理想的なコンパニオンアニマルです。たとえば猫は自分で毛づくろいをするし、散歩に連れて行く必要もありません）

News 06　AI Software that Mimics Voices

Are you confident about not being taken in by fake voices?
（フェイク音声にだまされない自信はありますか）

> キーワード　**fraud case**（詐欺事件）　**scam**（詐欺、詐欺事件）
> **elderly**（年配の）　**impersonate**（なりすます、ふりをする）

In recent years there have been several fraud cases in Japan targeting senior citizens. In one famous scam, criminals call up elderly people, impersonating their children and asking them to make money transfers. This new fake voice technology is very worrying—not only for the elderly but for all of us.

（近年、日本では高齢者を狙った詐欺事件が何件も発生しています。ある有名な詐欺事件では、犯罪者が高齢者に電話をかけ、その人の子供になりすまして送金を依頼しました。この新しいフェイク音声技術はとても心配なものですね——高齢者だけでなく、私たち全員にとって）

> キーワード　**terrify**（〜を怖がらせる）　**pitfall**（落とし穴、隠れた危険）
> **step in**（介入する）　**usage**（使用法）

I must admit I find this technology pretty terrifying. It seems like AI it is developing so fast that regulations can't keep up with the dangers and pitfalls. I think it is important that governments step in quickly to make usage guidelines to reduce the possibility of this technology being used for criminal purposes.

（認めざるをえないのですが、この技術をかなり恐ろしいと感じるようになりました。AIは非常に速いペースで発展しており、その危険性や落とし穴に対する規制が追いついていないように見えます。この技術が犯罪目的で使用される可能性を減らすために、政府が早急に介入し、使用ガイドラインを作成することが重要だと思います）

News 07　Conservation Efforts in Argentina

How do you feel about Kris and Doug's efforts?
（クリスとダグの取り組みについてどう思いますか）

> キーワード　impress（〜に感銘を与える、感動させる）　fortune（富、財産）
> buy up（〜を買い占める）　motivation（動機付け、意欲）

👍 I was very impressed to hear about their work. I don't think there are many people who would spend their fortune buying up millions of acres of land just to give it away! I would be interested to find out more about their motivations. For example, I'd like to know how and why they started this project in the first place. But anyway, I think their work is amazing.

（彼らの活動について聞き、とても感動しました。自分の財産で何百万エーカーもの土地を買い取り、それを寄付する人は、多いとは思えませんよ！　彼らの動機を調べることに興味があります。たとえば、このプロジェクトを最初に始めたきっかけや理由について知りたいです。ともかく、彼らの活動は本当に素晴らしいと思います）

> キーワード　rewilding（再野生化）　progressive（先進的な、進歩的な）
> conversation（保護、保存）　heal（〜を治療する、癒やす）

👍 This is a very inspiring story. Rewilding seems to be a very progressive approach to conservation. I like the idea of assisting nature to return to its natural state, so it can heal itself. It's very different to what human beings do a lot of time, which is to try to control nature. I would like to visit this park if I had a chance.

（とても感動的な話です。再野生化は、自然保護に対する非常に先進的なアプローチのように思います。自然が元の状態に戻るのを助けることで、自然が自らを癒すことができるという考え方が私は好きです。人間が自然をコントロールしようとすることが多い中、これは全く違った考え方です。機会があれば、この公園を訪れてみたいです）

News 08　Where Are the Flying Cars?

Are you for or against flying cars? Why?

（空飛ぶ車に賛成ですか、それとも反対ですか。その理由は？）

> キーワード　**potential**（可能性、将来性）　**congestion**（渋滞、密集）
> **useful**（役立つ、有益な）　**emergency**（緊急事態）

👍 I am for flying cars. They definitely have the potential to reduce traffic congestion as well as allow us to get faster from place to place. I can also imagine that they would be very useful in emergency situations. In fact, I can't wait to fly in one!

（私は空飛ぶ車に賛成です。空飛ぶ車は交通渋滞を緩和し、また場所から場所への移動をより速くする可能性があります。それに、緊急時には非常に役立つだろうと想像できます。実際、私は空飛ぶ車に乗るのが待ちきれません！）

> キーワード　**concern**（懸念、心配）　**be related to**（〜に関連している）
> **even though**（〜であるけれども）　**highway**（幹線道路）

👎 I'm against flying cars. The main concern I have about them is related to safety. Even though the risk of one crashing might be low, it is not zero. If one were to fall out of the sky it would cause a lot more damage than a car crashing on a highway.

（空飛ぶ車には反対です。私の主な懸念は安全性に関するものです。事故のリスクが低いかもしれませんが、ゼロではありません。もし空から落ちてきた場合、幹線道路での車の事故よりもはるかに大きな被害を引き起こすでしょう）

A New King Is Official

Are you for or against monarchy?

（君主制に賛成ですか、それとも反対ですか）

キーワード　**monarchy**（君主制、君主国）　**national identity**（国民性、国家的同一性）
　　　　　either way（どちらにしても）　**indifferent**（無関心な、興味を持たない）

🔲 This is a topic I sometimes discuss with my grandfather. He is a big fan of the monarchy. He thinks that the monarchy provides a sense of national identity and stability and brings people together. Personally, I don't really have a strong opinion either way. I guess you could say I'm indifferent.

（これは私が時々祖父と議論する話題です。祖父は君主制が大好きです。君主制が国民としての一体感や安定感を提供し、人々を団結させると考えています。個人的には、どちらにもあまり強い意見を持っていません。自分は無関心だと言えるかもしれません）

キーワード　**outdated**（時代遅れの、古い）　**perpetuate**（〜を長続きさせる、永続させる）
　　　　　inequality（不平等）　**monarchist**（君主制主義者）

🗨 To be honest, I think the idea that some people are born to rule over others is outdated. Also, I can't help but feel that having a monarchy perpetuates class divisions and inequality in a society. For these reasons I would say I am not a monarchist.

（正直に言うと、一部の人々が生まれながらに他者を支配する立場だという考え方は、時代遅れだと思います。また、君主制が社会の階級的分断や不平等を永続させるような気がしてなりません。これらの理由から、私は君主制主義者ではないと言えるでしょう）

News 10 ## Plans to Reincarnate the Mammoth

Are you for or against reincarnating the mammoth? Why?
（マンモスを復活させることに賛成ですか、反対ですか。その理由は?）

> キーワード　reincarnate（〜を生まれ変わらせる）hybrid（雑種、合成物）
> laboratory（実験室、研究所）ethical（道徳的な、倫理にかなった）

👎 I'm against it. First of all, it wouldn't be a mammoth but a sort of hybrid elephant creature. Second, it's not clear exactly what the scientists plan to do with the mammoths they create. Would they keep them in a laboratory and experiment on them? Would they put them on display in a zoo? This doesn't sound very ethical to me. Just because we can do this it doesn't mean we should.

（私は反対です。まず第一に、それはマンモスではなく、象の雑種のようなものになるでしょう。第二に、科学者たちが作り出したマンモスを具体的に何に利用するのかまったく明確ではありません。彼らはそれらを実験室に閉じ込めて実験するのでしょうか。それとも動物園に展示するのでしょうか。私にはあまり倫理的でないように思えます。できるからといって、それをするべきだということにはなりません）

> キーワード　extinct（絶滅した、死に絶えた）species（種）
> invasive（侵略的な）disease（病気）

👎 I'm not convinced it is a good idea to bring back the mammoth. We have no idea what effect bringing back a long extinct species like a mammoth could have on the environment. For example, there is a possibility that they could become an invasive species or spread disease to other animals or humans.

（マンモスを復活させることが良い考えだというのに、納得できません。マンモスのような長い間絶滅していた種を復活させることが環境にどのような影響を及ぼすか、私たちはまったく分かりません。たとえば、彼らが侵略的外来種になったり、他の動物や人間に病気を広める可能性もあります）

ボキャブラリー・チェック

重要ボキャブラリーや語注として取り上げたものをまとめてあります。訳語の後ろの数字は、その語いが出てくるニュースの番号を示しています（例：N01=News 01）。そのニュースの文脈を思い出しながら覚えると、語いのニュアンスや使い方も身につきます。

A

- □ a couple of: 2〜3の　N06
- □ a number of: いくらかの、多くの　N08
- □ ability to do: 〜する能力、技量　N10
- □ accent: アクセント、なまり　N06
- □ accessory: 付属物、装備品　N01
- □ according to: 〜によれば、〜の見解によれば　N03
- □ acknowledge: 〜を認める、承認する　N09
- □ acre: エーカー　N07
- □ across the globe: 世界中で、全世界で　N02
- □ actual: 実際の、現実の　N08
- □ actually: 実は、実のところ　N01, N08, N10
- □ add to: 〜を増す、増加させる　N03
- □ advanced: 進歩した、高度な　N08
- □ after: 〜の次に、〜に次いで　N01
- □ AI: = artificial intelligence 人工知能　N06
- □ aircraft: 航空機　N08
- □ allow: 〜を可能にする、許す　N10
- □ already: すでに、早くも　N03
- □ alter: 〜を部分的に変える、変更する　N10
- □ ambush: 待ち伏せ、待ち伏せ攻撃　N05
- □ appliance: (家庭用の)器具、装置　N04
- □ area: 地域　N01
- □ Argentina: アルゼンチン　N07
- □ artificial intelligence: 人工知能 (略称 AI)　N02
- □ as much as: 〜と同じ程度に　N05
- □ as well: 同じに、同様に　N08
- □ Asian elephant: アジアゾウ、インドゾウ　N10
- □ at last: ついに、ようやく　N09
- □ at least: 少なくとも　N03
- □ at the helm: かじを取って、指揮を執って　N08
- □ at the moment: 今のところ、現時点では　N08
- □ attempt to do: 〜しようと試みる、企てる　N04
- □ audio: 音声、オーディオ　N06
- □ away: 離れて、遠くに　N08

B

- □ back to: 〜に戻って　N05
- □ background: 背景的情報、予備知識　N02
- □ balanced: 釣り合いのとれた、安定した　N07
- □ be about: 〜を扱っている、〜の問題だ　N01
- □ be aimed at: 〜に照準を定めている、〜を目指している　N07
- □ be born: 生まれる　N03
- □ be concerned with: 〜を気にしている、心配している　N02
- □ be focused on: 〜に焦点を当てている、集中している　N07
- □ be modeled after: 〜を手本にしている、〜に倣っている　N01
- □ be overrun by: 〜であふれる、〜がはびこる　N05
- □ be wary of: 〜を警戒する、〜に注意する　N06
- □ begin by: 〜から始める、初めに〜する　N07
- □ belief: 信念、信仰　N09
- □ benefit: 利益、恩恵　N02
- □ billion: 10 億　N03
- □ birth rate: 出生率　N03
- □ birth: 誕生、出生　N03
- □ break from: 〜から逃れる、脱する　N09
- □ breeding: 繁殖、飼育　N07
- □ brim with: 〜で満ちあふれる　N07
- □ bring...back to life: …を生き返らせる　N10
- □ British: イギリスの、英国の　N09
- □ buy up: 〜を買収する、買い占める　N07
- □ by land: 陸路で　N01
- □ by sea: 海路で、船で　N01

C

- □ Capitol Hill: 米国連邦議会、国会議事堂　N02
- □ cardboard box: 段ボール箱　N05
- □ cause: 〜を引き起こす、〜の原因となる　N02
- □ ceiling: 天井、天井板　N04
- □ celebration: 祝典、祝賀　N09

□ celebrity: 有名人、名士　N09

□ ceremony: 儀式、式典　N09

□ certain: 一定の、ある程度の　N08

□ certified: 認定された、有資格の　N08

□ charge: 〜を充電する、チャージする　N08

□ Charles III: チャールズ3世　N09

□ chatbot: チャットボット　N02

□ ChatGPT: チャットGPT　N02

□ choir: 聖歌隊、合唱団　N09

□ Church of England: 英国国教会　N09

□ cityscape: 都市の景観、風景　N08

□ collared peccary: クビワ ペッカリー　N07

□ colleague: 同僚、仕事仲間　N06

□ collect: 〜を集める、収集する　N03

□ come with: 〜を伴う、〜に付属している　N03

□ Commonwealth realm: 英連邦王国　N09

□ compass: 羅針盤、磁石　N09

□ competitor: 競争相手、ライバル　N02

□ completely: 完全に、まったく　N07

□ congressional: 議会の、国会の　N02

□ conservation: 保護、保存　N07

□ consider: 〜をよく考える、熟考する　N10

□ controversy: 論争、議論　N10

□ convincing: 説得力のある、信びょう性のある　N06

□ costume: 衣装、服装　N01

□ count: 総数計算、計数　N03

□ counterpart: 相当するもの、対応するもの　N04

□ cozy up: 居心地よくなる、くつろぐ　N05

□ creamy: クリーム状の、なめらかで柔らかい　N04

□ create: 〜を作り出す、開発する　N04, N06, N08

□ creation: 創造、新設　N07

□ creative: 独創的な、創造的な　N04

□ CRISPR-Cas9: クリスパー・キャス・ナイン　N10

□ crowded: 混雑した、混み合った　N08

□ crown: 〜を王位につかせる、即位させる　N09

□ crucial: 決定的な、極めて重大な　N02

□ crumble: 崩れる、崩れ落ちる　N04

D

□ daily life: 日常生活　N02

□ daily: 1日当たりの、毎日の　N03

□ data: 資料、データ　N03

□ death: 死、死者数　N03

□ decide to do: 〜することに決める　N06

□ decision: 決断、決定　N01

□ decrease: 減少、低下　N03

□ deeply: 深く、非常に　N02, N09

□ destination: 目的地、行き先　N08

□ destiny: 運命、宿命　N09

□ difference: 違い、相違点　N10

□ dig: 〜を掘る、掘り返す　N05

□ digital-forensic: デジタル法科学の、デジタルフォレンジックの　N06

□ dignitary: 高官、要人　N09

□ disease: 病気、疾患　N02

□ donate: 〜を寄付する、寄贈する　N07

□ draw: 呼び物、人を引き付けるもの　N01

E

□ easy: 簡単な、容易な　N01, N06

□ economy: 経済、景気　N03

□ education: 教育、育成　N03

□ effort: 努力、取り組み　N02, N07

□ election: 選挙　N06

□ electrically powered: 電動の、電気で動く　N08

□ enjoy: 〜を楽しむ、喜ぶ　N05

□ environment: 環境、周囲の状況　N09

□ epidemic: 流行病、伝染病　N10

□ equitable: 公平な、公正な　N02

□ eradicate: 〜を根絶する、撲滅する　N02

□ especially: 特に、とりわけ　N02

□ exacting: 要求の高い、厳格な　N04

□ exciting: 興奮させる、わくわくさせる　N04

□ existential: 存在の、存在に関する　N02

□ expansion: 拡大、拡張　N07

□ experience: 経験、体験　N04

□ expert: 熟練者、専門家　N05, N06

□ explosion: 爆発的増加、急増　N06

□ express train: 急行列車　N01

□ extraordinary: 並外れた、非常に大きな　N07

F

□ face: 〜の方向に向く　N09

□ faith: 信仰、信条　N09

□ fake: ①にせの、フェイクの　②にせ物、フェイク　N06

□ fall for: 〜にだまされる、ひっかかる　N06

- [ ] family: 家族、所帯　N03
- [ ] fandom: ファンたち、ファンの世界　N01
- [ ] fear: 懸念、心配　N02
- [ ] fertility rate: 出産率、出生率　N03
- [ ] few minutes: 数分、わずかな時間　N06
- [ ] few: 数が少ない、ほとんどない　N03, N05
- [ ] field: 分野、領域　N02
- [ ] find out: 〜を突き止める、見つけ出す　N05
- [ ] find: 〜を見つける、見つけ出す　N04
- [ ] fit in with: 〜に適合する、〜にうまく溶け込む　N08
- [ ] fit into: 〜にうまく合う、適合する　N08
- [ ] flair: 独自の様式、独特のセンス　N04
- [ ] flight plan: 飛行計画、フライトプラン　N08
- [ ] focus on: 〜に焦点を合わせる、重点を置く　N08
- [ ] food chain: 食物連鎖　N07
- [ ] forbidden: 禁じられた、禁断の　N01
- [ ] forest: 森、森林　N01
- [ ] forwards: 前方に、前へ　N08
- [ ] foster: 〜を育てる、育成する　N09
- [ ] freely: 自由に、意のままに　N09
- [ ] fresh: 新たな、新規の　N03

G

- [ ] gather: 集まる、集合する　N09
- [ ] gear: 道具、装備　N07
- [ ] gene-editing: 遺伝子編集の、ゲノム編集の　N10
- [ ] generate: 〜を生み出す、生成する　N06
- [ ] generation: 世代　N03, N09
- [ ] gentleness: 優しさ、寛大さ　N09
- [ ] get to: 〜に達する、到達する　N08
- [ ] giant anteater: オオアリクイ　N07
- [ ] give...away: …を寄贈する、寄付する　N07
- [ ] global: 世界的な、地球（規模）の　N03
- [ ] global: 地球規模の、全世界の　N01
- [ ] go viral: (ネットや口コミで) 拡散する、バズる　N06
- [ ] gospel: ゴスペル　N09
- [ ] graham cracker: グラハムクラッカー　N04
- [ ] grammar: 文法、語法　N02
- [ ] grassland: 草原、草地　N07
- [ ] grow: 〜を育てる、発達させる　N03

H

- [ ] hall: 集会場、大広間　N01

- [ ] handful: 一握り、少数　N02
- [ ] harm: 害、損害　N02
- [ ] have a child: 子供を持つ、子をもうける　N03
- [ ] hearing: 聴聞会、公聴会　N02
- [ ] helicopter: ヘリコプター　N08
- [ ] hide: 隠れる、潜伏する　N05
- [ ] HIV: =human immunodeficiency virus ヒト免疫不全ウイルス、エイズウイルス　N10
- [ ] Hogwarts: ホグワーツ魔法魔術学校　N01
- [ ] hold...back: …の進歩を阻む、発展を阻む　N08
- [ ] hold: 〜を維持する、保持する　N04
- [ ] home: 本拠地、生息地　N01, N07
- [ ] How come...?: どうして…なのか、なぜ…か　N05
- [ ] however: しかしながら、とはいえ　N03
- [ ] huddle: 身を寄せ合う、群がる　N09
- [ ] huge: 巨大な、とても大きな　N03
- [ ] human: 人、人間　N08
- [ ] humanity: 人類、人間　N02
- [ ] hunting: 狩り、狩猟　N05

I

- [ ] iconic: 象徴的な、代表的な　N01
- [ ] impact: ①影響 ②〜に影響を与える　N02
- [ ] in addition to: 〜に加えて、〜のほかに　N07
- [ ] in the wild: 野生で、野生の状態で　N07
- [ ] in this case: この場合は　N04
- [ ] incredible: 途方もない、非常な　N02
- [ ] industry: 産業、工業　N02
- [ ] infant mortality: 乳児死亡率　N03
- [ ] infrastructure: 社会基盤、インフラ　N08
- [ ] ingredient: 材料、原料　N04
- [ ] inspire: 〜を誘発する、〜の契機になる　N07
- [ ] interest in: 〜への興味、関心　N01
- [ ] interesting: 興味深い、面白い　N08
- [ ] intricate: 入り組んだ、複雑な　N07
- [ ] investment: 投資、出資　N03
- [ ] Irish: アイルランドの　N06
- [ ] it turns out that: 結局〜であると分かる、〜であることが判明する　N10

JKL

- [ ] jaguar: ジャガー、アメリカヒョウ　N07
- [ ] jelly: ゼリー、ゼリー状のもの　N04

- [ ] job: 仕事、職　N02, N03
- [ ] just about: ほとんど、ほぼ　N06
- [ ] keep up: （ある水準を）維持する、衰えない　N03
- [ ] keystone: 要（かなめ）、中枢　N07
- [ ] kind of: なんだか、感じとして　N04
- [ ] lab: = laboratory 研究所、ラボ　N04, N10
- [ ] land: 着陸する、着地する　N08
- [ ] land: 土地、陸地　N07
- [ ] laser cooking: レーザークッキング　N04
- [ ] launch: ～を始める、開始する　N07
- [ ] leader: 指導者、リーダー　N09
- [ ] learn to *do*: ～の仕方を習得する、学習して～できるようになる　N02
- [ ] legacy: 遺産、受け継がれるもの　N07
- [ ] legal: 合法の、法的に認められた　N08
- [ ] level: 水準、レベル　N10
- [ ] life: 命、生命　N10
- [ ] life-enhancing: 人生を豊かにするような、生活の質を高めるような　N02
- [ ] lift off: 離陸する　N08
- [ ] line: ～に沿って並ぶ、列を作る　N09
- [ ] long-standing: 長く続いている、長年にわたる　N10
- [ ] lot: 土地の一区画、敷地　N01
- [ ] lush: 青々と茂った、緑豊かな　N07

M

- [ ] machine: 機械、マシン　N04
- [ ] magic: 魔法、魔術　N01
- [ ] majestic: 威厳のある、堂々とした　N07
- [ ] make a change: 変更を加える　N10
- [ ] make a fortune: 財産を築く、財を成す　N07
- [ ] malaria: マラリア　N10
- [ ] massive: 壮大な、大規模な　N01
- [ ] mean little: ほとんど意味がない、あまり意味がない　N03
- [ ] meander: 当てもなく歩く、ぶらぶらする　N05
- [ ] millions of: 何百万もの、非常に多くの　N10
- [ ] mimic: ～をまねる、模倣する　N02, N06
- [ ] modify: ～を部分的に変更する、改変する　N10
- [ ] monarchy: 君主制、君主国　N09
- [ ] mostly: たいてい、大部分は　N05
- [ ] move through: ～を通過する、通り抜ける　N09
- [ ] movie: 映画　N01

- [ ] mushy: どろどろの、形の崩れた　N04

NOP

- [ ] national: 国の、国内の　N03
- [ ] need: ～を必要とする　N06
- [ ] need: 必要性、要求　N05
- [ ] not without: ～がないわけではない、かなり～がある　N10
- [ ] oath: 誓い、宣誓　N09
- [ ] off: 間違って、おかしい　N06
- [ ] official: 公式の、正式な　N09
- [ ] online: インターネット上で　N06
- [ ] operation: 経営、運営　N01
- [ ] opportunity: 機会、チャンス　N03
- [ ] over and over: 何度も繰り返して　N04
- [ ] pampas deer: パンパスジカ　N07
- [ ] parents: 両親　N06
- [ ] paste: 生地、ペースト　N04
- [ ] path: 道、道筋　N09
- [ ] patient: 我慢強い、忍耐強い　N09
- [ ] person: （個人としての）人、人間　N10
- [ ] pilot: ①～を操縦する　②操縦士、パイロット　N08
- [ ] pinch point: 渋滞しやすい場所、地点　N08
- [ ] plant: 植物、草木　N07
- [ ] pocket: くぼみ、ポケット　N04
- [ ] point: 箇所、地点　N09
- [ ] population: 人口、住民数　N03
- [ ] populous: 人口の多い、人口密度の高い　N03
- [ ] possibly: もしかすると、ひょっとしたら　N05
- [ ] potential: 潜在力、可能性　N03
- [ ] potentially: 潜在的に、もしかすると　N02
- [ ] potentially: 潜在的に、もしかすると　N10
- [ ] pounce: 急に襲う、飛びかかる　N05
- [ ] prayer: 祈り、祈りの言葉　N09
- [ ] precision: 正確さ、精密さ　N04
- [ ] predator: 捕食者、捕食動物　N05
- [ ] present: ～を紹介する、披露する　N09
- [ ] preservation: 保護、保存　N05
- [ ] president: 社長、代表取締役　N01
- [ ] pretty: かなり、すごく　N04, N10
- [ ] prevent: ～を防ぐ、阻止する　N02
- [ ] prey: えじき、被食者　N05
- [ ] probably: 恐らく、たぶん　N05

- prop: 小道具、撮影備品　N01
- provide: 〜を供給する、用意する　N05
- purpose: 目的、用途　N05
- put words into a person's mouth: 人が言いもしないことを言ったと言う　N06
- put...to: …に〜をさせる、…を用いて〜する　N06

QR

- qualified: 要件を満たした、適任の　N05
- question: 質問、疑問　N05
- quickly: 速く、急速に　N03
- quite: かなり、相当　N10
- ranch: 大牧場、大農場　N07
- read...aloud: …を読み上げる、声に出して読む　N09
- realize (that): 〜であると気づく、理解する　N04
- recognition: 認識、認知　N09
- recording: 録音、録画　N06
- rein in: 〜抑制する、制御する　N02
- reincarnate: 〜を生まれ変わらせる、転生させる　N10
- reintroduce: 〜を再導入する、〜が一度存在しなくなったのを復活させる　N07
- religious: 宗教の、宗教的な　N09
- require: 〜を必要とする、要求する　N04
- researcher: 研究者、調査員　N10
- result: 結果、結末　N04
- rethinking: 再考、見直し　N04
- revolutionary: 画期的な、革命的な　N10
- rewilding: 再野生化、リワイルディング　N07
- rheology: 流動学、レオロジー　N04
- risk: 危険性　N02
- role: 役割、任務　N09

S

- same: 同じ、同一の　N05
- satisfied: 満足した、満ち足りた　N07
- satisfying: 満足な、満足のいく　N04
- save: 〜を救う、助ける　N10
- scrutiny on: 〜に対する監視、監督　N02
- security: 安全の確保、安心　N05
- seem like: 〜のように見える、〜のようである　N06
- seem to be: 〜であるように見える、思える　N08
- Senate: (米国などの) 上院　N02

- separate: 〜を分ける、切り離す　N04
- sequence: 配列、順序　N10
- series: 続き物、シリーズ物　N01
- set: 舞台装置、セット　N01
- shrub: 低木、かん木　N05
- significant: 重大な、著しい　N02
- similar: 同様の、似ている　N05
- since: 〜以来、〜以後　N03
- sit down with: 〜とじっくり話す、話し合う　N05
- slow: 速度が落ちる、鈍る　N03
- so far: これまで、今までのところ　N07
- sobering: ハッとするような、気づきのある　N04
- somewhere: どこかに、どこかで　N08
- species: (生物の) 種、種類　N05, N07
- speech: 話すこと、発言　N02
- spot: 場所、地点　N05
- stage: 段階、局面　N08, N09
- stand for: 〜の略語である、〜を意味する　N08
- stand still: じっとしている、静止する　N09
- still: それでも、それでもやはり　N06
- strand: よった糸状のもの、らせん構造　N10
- strategy: 戦略、策略　N05
- strong: 強い、優勢な　N03
- structure: 構造、構成　N02
- struggle with: 〜に苦労する、悪戦苦闘する　N06
- studio: 映画撮影所、スタジオ　N01
- subtle: 微妙な、繊細な　N10
- successfully: 首尾よく、うまく　N05
- symbolically: 象徴的に、象徴として　N09

T

- take a nap: うたた寝する、昼寝する　N05
- takeoff and landing: 離着陸、発着　N08
- tear...up: …をズタズタに引き裂く　N05
- tech company: テック企業、IT系企業　N02
- technology: 科学技術、テクノロジー　N02, N06
- terrible: ひどい、悲惨な　N04
- texture: 質感、風合い　N04
- the millions: 大衆、民衆　N05
- the planet: この惑星、地球　N05
- the UK: = the United Kingdom　N01
- the United States: = the United States of America アメリカ合衆国、米国　N01

- □ thing: 一番好きなこと　N05
- □ threat to: 〜への脅威、〜にとって危険な存在　N02
- □ title: 称号、肩書　N03
- □ to date: 現在まで、これまでのところ　N07
- □ toast: 〜をこんがり焼く、あぶる　N04
- □ tool: 道具、ツール　N02
- □ touch: （仕上げなどの）ひと手間、ちょっとした加工　N04
- □ tradition: 伝統、慣例　N09
- □ transport: 〜を輸送する、運ぶ　N01
- □ transportation: 輸送、運輸　N02
- □ turn...back into: …を元の〜に変える、戻す　N07
- □ tweak: 〜をつまんで動かす、微調整する　N10

UVW

- □ U.C. Berkeley: カリフォルニア大学バークレー校　N06
- □ ultimate: 究極の、最高の　N06
- □ ultimately: 結局、最終的には　N06
- □ UNICEF: ユニセフ、国連児童基金　N03
- □ United Kingdom: 英国、イギリス　N09
- □ United Nations: 国際連合、国連　N03
- □ upload: 〜をアップロードする　N06
- □ upper: 上部の、上流の　N07
- □ vehicle: 乗り物、車　N08
- □ vertical: 垂直の、縦方向の　N08
- □ vertically: 垂直に、縦方向に　N08
- □ video: 動画、ビデオ　N05
- □ vision: 展望、構想　N07
- □ vital: 不可欠な、極めて重要な　N07
- □ voice: 声、音声　N06
- □ wall: 壁、囲い　N04
- □ ways: 行い、振る舞い　N09
- □ wealth: 豊富さ、多さ　N03
- □ well-structured: うまく構成された、構造がしっかりした　N04
- □ well-wisher: 他人の幸福を祈る人、支持者　N09
- □ Westminster Abbey: ウェストミンスター寺院　N09
- □ whole: 全体の、すべての　N01
- □ wild success: 大成功　N02
- □ wizard: （男の）魔法使い、魔術師　N01
- □ woolly mammoth: マンモス　N10

- □ work out: 〜に取り組む、〜を解決しようとする　N08
- □ work: 取り組む、研究する　N10
- □ worldwide: 世界的な、世界中の　N01
- □ would rather do: 〜する方がよい、むしろ〜するのを好む　N05
- □ writing: 書くこと、書かれたもの　N02

オンラインサービス（購入者特典）の登録方法

下記のURLから（検索せずに、アドレスバーにURLを直接入力してください）、またはQRコードを読み取って、オンラインサービスの登録を行ってください。なお、音声再生アプリ「リスニング・トレーナー」の使い方などについては p.7 をご参照ください。

https://www.asahipress.com/cnn10/24sufa/

【注意】本書初版第 1 刷の刊行日（2024 年 7 月 1 日）より 1 年を経過した後は、告知なしに上記申請サイトを削除したりデータの配布や映像視聴サービスをとりやめたりする場合があります。あらかじめご了承ください。

［MP3 音声 & オンラインサービス付き］
初級者からのニュース・リスニング
CNN Student News 2024 ［夏秋］

2024 年 7 月 1 日　初版第 1 刷発行

編集	『CNN English Express』編集部
発行者	小川洋一郎
発行所	株式会社 朝日出版社
	〒 101-0065　東京都千代田区西神田 3-3-5
	TEL: 03-3263-3321　FAX: 03-5226-9599
	https://www.asahipress.com/
印刷・製本	シナノ印刷株式会社
DTP	株式会社メディアアート
英文校閲	Nadia McKechnie
編集協力	谷岡美佐子
音声編集	ELEC（一般財団法人 英語教育協議会）
表紙写真	Zoonar / アフロ
ブックデザイン	TAICHI ABE DESIGN INC.